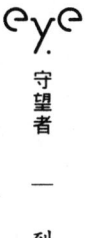

守望者

——

到灯塔去

Pablo Neruda y Salvador Allende
una amistad, una historia

Abraham Quezada Vergara

聂鲁达和阿连德
一份友情，一段历史

［智利］亚伯拉罕·克扎达·维尔加拉 著
陈培易 叶欣闻 等 译 缪澄君 陈凯先 校

南京大学出版社

Pablo Neruda y Salvador Allende:una amistad,una historia © Abraham Quezada Vergara,2014
Simplified Chinese translation copyright © 2021 by Nanjing University Press
All rights reserved.

江苏省版权局著作权合同登记　图字:10-2021-314号

图书在版编目(CIP)数据

　聂鲁达和阿连德:一份友情,一段历史 /(智)亚伯拉罕·克扎达·维尔加拉著;陈培易等译;缪澄君,陈凯先校. —南京:南京大学出版社,2021.8
　ISBN 978-7-305-24645-6

　Ⅰ.①聂… Ⅱ.①亚…②陈…③缪…④陈… Ⅲ.①聂鲁达(Neruda,Pablo 1904-1973)—人物研究②阿连德·戈(Allende Gossens,Salvador 1908-1973)—人物研究 Ⅳ.①K837.845.6②K837.847=5

中国版本图书馆 CIP 数据核字(2021)第 119381 号

出版发行　南京大学出版社
社　　址　南京市汉口路22号　　邮　编 210093
出 版 人　金鑫荣

书　　名　聂鲁达和阿连德:一份友情,一段历史
著　　者　〔智利〕亚伯拉罕·克扎达·维尔加拉
译　　者　陈培易　叶欣闻 等
校　　译　缪澄君　陈凯先
责任编辑　甘欢欢
照　　排　南京紫藤制版印务中心
印　　刷　徐州绪权印刷有限公司
开　　本　787×1092　1/32　印张 7.25　字数 116 千
版　　次　2021 年 8 月第 1 版　2021 年 8 月第 1 次印刷
ISBN 978-7-305-24645-6
定　　价　52.00 元

网　　址:http://www.njupco.com
官方微博:http://weibo.com/njupco
官方微信:njupress
销售咨询:(025)83594756

* 版权所有,侵权必究
* 凡购买南大版图书,如有印装质量问题,请与所购图书销售部门联系调换

献给我的父母，他们是一切的开始
献给我的孩子，他们将一切继续

聂鲁达的诗歌是笔财富,
阿连德不会将她国有化。

——恩里克·林,圣地亚哥《世纪报》
1964年6月12日,第2页

序

《聂鲁达和阿连德：一份友情，一段历史》中文版就要和中国读者见面了。这无疑是件令人高兴的事。三年前，智利驻上海总领事伊格纳西奥·孔恰先生把他的朋友，同样也是智利外交官的亚伯拉罕·克扎达博士写的这本书推荐给了我。由于对西班牙语国家一直以来的关注，我立即对这本书产生了兴趣。对于聂鲁达，我在20世纪60年代上大学学西班牙语的时候就知道这位智利大诗人。而阿连德，我则是在1973年9月11日智利发生军事政变推翻了阿连德的合法政府时才了解的。现在，智利新任驻沪总领事克劳迪奥·加里多先生也对这本书的出版寄予厚望。

阿连德和聂鲁达是我们在谈到20世纪政治和文学时都不能不谈的重要人物。阿连德是智利著名的社会党人，他为通过和平选举走上社会主义的道路，进行了坚持不懈的努力。虽然他的政府最后被皮诺切特将军发动的军事政变推

1

翻,他也在政变军队对总统府的进攻中英勇殉职,但他那为理想献身的精神永远留在了人们的心中。聂鲁达是智利共产党党员,中国人民的老朋友,1971年诺贝尔文学奖得主。他三次访问中国,在1951年和1957年的两次访华中,与中国作家,特别是与诗人艾青结下了深厚的情谊。

这本叙述聂鲁达和阿连德之间的故事的书对于我们了解那个时代的拉丁美洲,了解这两位历史人物,都是非常有益的。特别是在当前的国际形势下,这本书的出版对加强我们与拉丁美洲国家,特别是与智利这个南美国家的战略伙伴关系有着深远的意义。

我们南京大学金陵学院西班牙语系的多位同学参加了本书的翻译,对于年轻学子来说,翻译这样的作品无疑是巨大的挑战,因为相关地域及时代的人物与发生的事件都是我们的学生不熟悉的。但在翻译的过程中他们不断丰富自己,不论是在对语言的理解上,还是知识的积累上,都取得了显著的进步。我们这些从事西班牙语教学的老师所期待的,不正是学生综合能力不断提升,让这横跨在中国和西班牙语国家之间的桥梁更加坚实、更加牢固,让人民之间的理解不断加深吗?

我要感谢在这本书的翻译过程中积极参与并付出努力

的缪澄君老师和陈培易、叶欣闻、芦庭苇、芮安迪、葛璐、倪喆、张瑜、李紫怡、林帅杰、史天文、王馨柔、王雨秋、郑茅琦、周陈玥等诸多同学。感谢这本书的作者把中译本版权无偿提供给我们！感谢智利朋友们的大力支持！这本书的出版不仅是对阿连德和聂鲁达这两位历史人物的纪念，也是中智两国和两国人民友好情谊的见证。最后，我还要感谢南京大学出版社对这么一本具有积极意义的书的出版所给予的大力支持。

陈凯先

2021 年 5 月 8 日

中文版前言

越过大洋，到达彼岸

当得知这本关于聂鲁达和阿连德私人及政治关系的书即将传播到西班牙语美洲之外时，我倍感惊喜。这本书已有意大利语译本，而中文版将此书带到了大洋彼岸的中国，使之通过世界上最广泛使用的语言被人们认识。

聂鲁达曾三次到访中国。1928年2月他访问了香港和上海。1951年9月和10月他又跟随一支由20人组成的世界和平大会代表团，通过西伯利亚铁路，从莫斯科穿越蒙古到达北京，为中国的一位领导人①颁发国际和平奖。② 次年10月，周恩来写信感谢聂鲁达让他认识了代表团中的阿尔弗雷多·德·阿梅斯蒂上校，使双方有机会就智

---

① 为宋庆龄女士颁发斯大林和平奖。就是这次中国之行，使聂鲁达写出了著名长诗《向中国致敬》。——译者注
② 在这次访问中他结识了中国著名诗人艾青，两人结下了深厚的友谊。1954年艾青访问智利，再次与他的智利诗人朋友会面。1957年聂鲁达又一次访问中国，两人再一次相见，共叙友情。——译者注

利和中国建立外交及贸易关系等问题交换意见。得益于那次旅行,聂鲁达后来写了几首关于中国的优美诗歌,收录在1954年出版的《葡萄与风》的第二章中。后来,1957年7月,同样为了推动国际和平事业,聂鲁达再次到访中国,这次的旅程中他溯长江而上,将沿途的壮美景致写在了《航行与回归》《放纵》等书中。

而萨尔瓦多·阿连德作为参议员,1953年支持在圣地亚哥成立智利-中国文化学院后前往苏联。几个月后,他率领该学院的代表团访问北京,并参加了1954年10月1日中华人民共和国成立五周年的庆祝活动。后来,1970年12月15日,在总统选举中获胜后不久,他具有远见和胆识地决定与中华人民共和国建立外交关系,使智利成为继古巴之后,第二个承认中华人民共和国政府和"一个中国"原则的拉丁美洲国家。

这本《聂鲁达和阿连德:一份友情,一段历史》以崭新的角度介绍了两位主人公的日常生活,以及讲述了他们如同不知疲倦的斗士,各自借助诗歌和政治去谴责不公正、为人民寻求更美好的生活的故事。1973年9月,他们在十几天中相继离世,世界舆论并没有无动于衷。中国也为之哀悼。他们各自的形象明显提升,声望显著提高,因为他们的举动和人生历程鲜明地留在了世人心中。也许正是出于这个原因,周恩来总理在得到阿连德总统逝世的消息后十分悲痛,向他的遗孀奥顿希娅·布希表示哀悼。

在风云诡谲的冷战中,聂鲁达和阿连德的政治历史行动与那时的中国有着千丝万缕的联系,也在某种程度上与今天的中国息息相关。冷战后,在讨论新的国际格局时,在全球面临新的挑战时,特别是当国际秩序和地缘政治需要改变贸易关系和国际货币体制,而不仅仅考虑地球的一个重要地区的发展需求时,研究一下他们两个人的思想是有益的。虽然当今世界面临的挑战已今非昔比,但聂鲁达和阿连德所秉持的理想和所做的斗争——争取一个更加平等的世界,使所有人都享有更大的权益,呼吁国际社会所有成员为实现公平而付出共同努力——在对过去和现在的讨论中仍旧具有现实意义。

有了西班牙文和中文的互译,如今的交流变得更为便捷,相互的理解也更加容易。通过这些译文,两国之间不仅缩短了遥远的文化距离,也加强了各方面的交流互动。不仅如此,我们还可以更密切地认识他国伟大的历史人物,了解他国传统、习俗和文化。这本书和其他书籍的翻译让读者不仅跨越了太平洋,也打破了语言障碍,站在了东西方世界迷人的交汇点上,从而巩固和加深了几十年的友谊。简言之,通过这些译文,我们可以更好地了解对方,共同迎接我们面临的挑战和机遇。

这本书中文版的出版无疑是一项集体努力的成果。我在中国的外交官朋友给予了我极大的鼓励和帮助。此外,我要特别鸣谢陈凯先教授,作为优秀的西班牙语学者,他充满热忱地支持了本书的翻译工作。也感谢此书的翻译团队和南京大学出版社,感谢所有人努力造就了此书的中译本,并将其奉于读者眼前。

亚伯拉罕·克扎达·维尔加拉博士
2020年10月

目 录

前 言 ··· 1

信源说明 ··· 4

写作本书的主要缘由 ································· 6

第一次交会

早期的共同经历 ································· 8

智利大学和它的学生联盟 ······················ 11

政局稳定,寻觅新的方向 ······················ 21

第二次交会

人民阵线时期 ··································· 25

部长阿连德 ······································ 31

爱的使命 ··· 36

甜美的滕查 ······································ 39

第三次交会

在参议院 ·· 42

立法工作 ·· 44

迫害与团结 ··· 48

共同的朋友 ··· 50

第四次交会

阿连德是如何竞选的？ ······························ 56

1952年大选 ·· 62

1958年大选 ·· 66

1964年大选，阿连德在巴塔哥尼亚 ··············· 72

第五次交会

诗人和政治家 ·· 76

"卷发"阿连德 ·· 76

聂鲁达和"严峻的人类任务" ························ 88

友谊和改变 ··· 94

困境与分歧 ··· 104

第六次交会

  诗人与总统的书信往来 ················ 108

  信件内容与个中亮点 ················ 113

第七次交会

  聂鲁达竞选总统 ················ 121

  阿连德的胜利；相拥欢呼 ················ 133

  外交任务 ················ 137

  获得诺贝尔文学奖 ················ 144

  捍卫人民团结联盟政府 ················ 147

  黑岛会面 ················ 151

  尾　声 ················ 159

书　目 ················ 166

生平年表 ················ 177

附　录 ················ 198

后　记 ················ 209

前 言

巴勃罗·聂鲁达和萨尔瓦多·阿连德都是 20 世纪智利的核心人物，作为智利左派的代表，他们各自通过数十年的孜孜不倦的文学创作和政治工作追逐理想、实现愿望。他们一位是在文辞运用的造诣上无与伦比，最终到达了诗歌创作的顶峰的诗人，另一位则是大刀阔斧推进政治与社会变革的行政官。

生前，聂鲁达与阿连德政治旗帜鲜明，以身作则，呼吁智利人民履行公民义务；身后，他们流芳后世。每每谈及历史人物，人们往往要将他二人比照一番。由此可见，聂鲁达与阿连德在智利的政权演变中扮演了举足轻重的角色，自始至终都是智利社会运动与文化运动的中流砥柱。两人一生抱持着相同的信念，且出于历史与政治原因紧密相连，始终相互理解、相互尊重。这一切都使得他们的友谊长青。他们不仅仅是政治观念与历史事件的化身，更是活生生、真性情的血肉之躯。

阿连德喜爱聂鲁达的诗作,诗人则多次作为"总统粉丝"为他提供政治上的支持——尽管最开始时,诗人所给予的这份支持受到其所在政党领导层的决议,或者说当时的社会现实的影响。但也正因如此,他们之间的情感基础更为稳固扎实,这是一份建立在对彼此行为的理解之上,并逐渐升华的真挚而纯粹的友谊。一言以蔽之,无论公开还是私下,无论政治方面、文学方面还是交往方面,聂鲁达与阿连德都关心对方,理解对方,两人始终保持着深厚的友谊。

随着国家的发展和民主的稳固,这两颗明亮的、彼此联结的新星在二十多岁的年纪进入智利大学,正式开启了他们人生的冒险。二人一同积极参与学生联盟(著名的FECH)。此后,萨尔瓦多·阿连德先后担任众议员、卫生部部长和参议员,并最终在人民团结联盟的推举下于1970年当选智利共和国总统。巴勃罗·聂鲁达则开始了最初的诗歌创作,还受聘于国家机构,远赴重洋,担任一位小小的领事。在职期间,他依旧笔耕不辍,后被任命为总领事,继而当选参议员。1969年,聂鲁达成为总统候选人;1970年,他被萨尔瓦多·阿连德政府任命为外交大使。1971

年，诗人终于得到了瑞典文学院的认可，荣获诺贝尔文学奖。

研究知识分子之间或历史人物之间的行为及联系的方法多种多样，本书基于对可靠信息进行的量化分析，主要采取编年史的方式，无意反映所谓阿连德与聂鲁达之间关系的"明确真相"，而仅仅展现调查所得的结果。正因如此，我认为这是一部试验之作，一部探索之作。本书主要信源有见证二人交往的朋友、邻居、组织成员以及相关资料文献。通过分析审视聂鲁达和阿连德二人传记中的信息，作者撷取了两人联合行动中的七次关键交会。

这是一段关于时刻、交集以及两位主角如何点点滴滴地相互影响的历史，同样，本书也还原了诗人与总统当时所处的环境和历史背景。书中简短地引用了阿连德与聂鲁达之间一些鲜为人知的信件，信中包含二人对彼此的担忧与关切，也反映了他们人生中的一次次波折。总而言之，比起文学性，本书更加注重见证性与历史性的体现。

亚伯拉罕·克扎达·维尔加拉博士
2014年11月于基多

信源说明

若想重新审视聂鲁达与阿连德这两位知名人物之间的友谊与合作，比起研究二人的功绩和公共事务上的作为，私密文件往往更具说服力。按照作家格雷厄姆·格林的说法，名人私下的只言片语，潜藏在桌面下的窃窃私语，或故事的另一面，更加有助于理解两人之间的关系，以及他们在公众场合的表现。同样，这些言行还能揭示两人不为人知的一面，使其形象更为完整。然而，自1973年9月11日阿连德总统遇难起，寻觅总统与诗人之间的信件和与二人相关的文献变成了一项愈加艰难的挑战。更糟的是，政变发生后的几个小时内，入侵聂鲁达位于圣地亚哥居所的那些暴徒不仅销毁了他们找到的所有资料，还对诗人进行了极度违反人权的残酷迫害。他们不仅对诗人进行肆无忌惮的审查，也对诗人周围的人进行无休止的恫吓与威胁。

萨尔瓦多·阿连德总统的家人和拥护者的处境更加恶

劣。他所领导的政府班子、他的成千上万的追随者，以及他的家人不断遭受着各种迫害；他的家人的财产被掠夺。多年内，总统的形象遭到了破坏、歪曲和恶意丑化，他的生活、他所处的环境也都被方方面面地造谣抹黑，愚蠢的谣言甚嚣尘上。随着 20 世纪 90 年代初民主体制的恢复，一系列相关文件、回忆录，以及研究文章得以发表，以上的情况开始改变。然而，需要澄清的事情依旧颇多。而我目前做的工作就是希望能部分地改变那样的情况。

因此，书中引用的二人之间的往来信件，是在极其不利的条件下侥幸保存下来的珍贵证据。它们能帮助读者更加深入地理解这两位智利乃至世界的左派重要人物之间的关系。他们友情深厚，曾并肩为事业奋斗，他们之间也有过无数分歧。在本书最后，我编写了一份年表，罗列出那些不断加深两人友谊的事件。

值得一提的是，在研究过程中，我有幸得到了位于智利首都的巴勃罗·聂鲁达基金会和萨尔瓦多·阿连德基金会相关工作人员的鼎力相助。此外，我必须感谢智利国会图书馆和智利国家图书馆，两座图书馆均藏有吉光片羽的文献资料，对本文的撰写同样很有助益。

写作本书的主要缘由

为什么同属一代、不同出身的两个人，会紧密地结合起他们在政治上和在美学上的诉求，共同追求 20 世纪社会主义的梦想？这两个人都在努力从事自己的事业，一个是政治事业，另一个是文学事业，并最终攀登到了各自事业的顶峰：一位成为共和国总统，另一位则荣获了诺贝尔文学奖。阿连德从社会党派、工会、共济会和议会中一路踏实地走来，聂鲁达亦有他的一番天地：出版诗作、担任公职、成为党员、结交朋友。社会党领导人阿连德志在帮助贫困群体，为他们带来更好的生活条件。诗人聂鲁达则从生活出发抒发诗意，并追求成为"一位公益诗人"。

聂鲁达和阿连德二人所坚持的信念以及所支持的意识形态不断地给予他们力量，他们持之以恒地追逐着自己的理想，在逐梦的道路上彼此相遇，从此并肩前行。对于阿连德而言，政治和生活是两条辩证的相互影响、相互滋养的平行线。对于聂鲁达而言也一样,他不从政,而是从事诗歌创作。

聂鲁达和阿连德的人生轨迹归因于各自的家族背景、成长环境或教育经历?还是对左翼党派的支持或左派勇于战斗的精神?又或许是得益于两人的天赋和才能?用阿连德的自我评价,他有灵巧的"政治手腕",而聂鲁达也承认过自己具备无与伦比的表达能力。又或许,决定性的原因在于来自国内与国际的双重影响,后者源于危机四伏的国际环境,源于反对极权主义的民主斗争,源于两极格局和随后的古巴革命——这场革命以一种特殊的力量深深影响了拉丁美洲左派和当地的政治人物。也许,以上一切因素皆或多或少地塑造了两人的个性,并使得他们选择了一条如此相似的道路吧。

这本书正是为了回答这些疑问而产生的。

第一次交会

早期的共同经历

这里指的不是他们两人的第一次见面。尽管他们的社会背景和家庭出身迥然不同,但他们有一个共同点,即进入大学,并各骋所长。

1904年,内夫塔利·里卡多·雷耶斯(即聂鲁达)在智利中南部的一个小家庭中呱呱坠地,家乡的人大多是小农户,这与四年后萨尔瓦多·阿连德的出生环境形成了鲜明对比。1908年,阿连德出生于首都圣地亚哥①一个富裕

---

① 虽然相关文件显示阿连德出生于瓦尔帕莱索,但后来民事登记处的出生证明确定他实际上出生在圣地亚哥。详见智利《水星报》2008年4月4日的报道:《出生证明显示阿连德出生于圣地亚哥》。《雷吉斯·德布雷对萨尔瓦多·阿连德的

的中产阶级家庭,他的父亲是律师和公证人,爷爷是医生①。小阿连德"有着鬈曲的金发,发梢儿泛着白色",1910年9月,盖斯与查韦斯商场(英国哈洛德百货的圣地亚哥分店)开业,大人们在那儿给他买了一套小水手服。小阿连德有个保姆,他叫她"罗莎妈妈",她十分擅长做点心,常常烤制小阿连德最爱的苹果馅饼和黑森林蛋糕②。阿连德后来承认,严格说来,他的出身"的确是资产阶级",但同时他澄清,他的家人和那些"强大的资本主义行业"并无联系,"因为我父母所从事的职业都是自由性质的,我母亲的家族也一样"③。

聂鲁达早年丧母,他在特木科城的公立学校完成了中学课程,这个近似乡村的地区至今仍保留着古老的风味。

采访》中写道,阿连德曾被问及瓦尔帕莱索是否给了他家的感觉,阿连德回答道:"我常说,我的职业生涯始于瓦尔帕莱索,我是瓦尔帕莱索人,是智利第一个来自瓦尔帕莱索的总统。"见《1970—1973年阿连德接受的采访》第31页,爱德华多·古特雷斯著,圣地亚哥:罗姆出版社,2009年。

① 拉蒙·阿连德·帕丁(1845—1884),医生、智利大学医学系系主任、《群众指南报》编辑、智利多所小学和医院的创始人。拉蒙·阿连德同时也是激进党人士和共济会成员,创办了智利陆军卫生司令部,人称"红色阿连德"。——译者注
② 参见2003年8月8日发表在智利午报《第二报》副刊《阿连德II》的文章《一位年轻的民主党人……一位年轻的资产阶级……一位年轻的社会党人》。
③ 引自《1970—1973年阿连德接受的采访》第29页《雷吉斯·德布雷对萨尔瓦多·阿连德的采访》。

他的父亲是铁路工人,母亲是普通的家庭妇女。聂鲁达童年时,他们从派罗镇举家迁往南方的特木科城。阿连德·戈森斯家族则辗转于不同的城市,包括塔克纳、伊基克、圣地亚哥和瓦尔迪维亚,最终定居在瓦尔帕莱索。这使得幼小的阿连德先后就读于几个不同的公立学校,其中就有当时的智利国立学校。后来,他又进入瓦尔帕莱索省的爱德华多·帕拉中学继续学业,直到 1924 年完成了人文学科的学习。

1921 年 3 月,青年内夫塔利从特木科城来到首都圣地亚哥,在智利大学教育学院攻读法语教育专业。聂鲁达的这一选择让他的父亲很放心,但聂鲁达自己明白,他念书的目的并非成为一名中学教师,而是"学习语言,以便更好地阅读法国文学作品"①,也可以说,从那时起,聂鲁达就在为成为一名真正的诗人而努力。聂鲁达最初甚至选修了一些建筑学课程,不过难缠的数学令他对建筑的兴趣最终还是消减了。②

---

① 引自 2003 年 10 月 14 日发表在《第二报》副刊《走近聂鲁达Ⅰ》第 12 页的文章《聂鲁达的深度与广度,犹如安第斯山脉》。
② 参见报道《劳拉·雷耶斯认为聂鲁达之死与军方的干预有关》(网址:http://www.elclarin.cl),雨果·蒙特斯接受了采访并在访问中回忆道,玛蒂尔德·乌鲁蒂亚曾告诉他,聂鲁达"初入智利大学时并未直接进入法语教育专业,而是选择了建筑学,然而数学使他头痛,因此他更换了专业"。

智利大学和它的学生联盟

在少年聂鲁达眼中,首都圣地亚哥是"无垠且未知的,闻起来像是咖啡和汽车的尾气味"①。在当时的社会风气下,青年们向往参加各种党派的集会和学生运动,文艺先锋则是他们崇拜钦羡的对象。阿连德出生前一年,即 1907 年,智利大学学生联盟成立,从此便是先锋们宣传先进思想的阵地。在沉默寡言的外省青年聂鲁达眼中,智利大学折射着无与伦比的眩光,这里不仅有迷人的颓废派大学生,还有着反社会、反政治和反抒情的殊异气氛。在特木科上中学时,年轻的内夫塔利已是学生联盟旗下《光明报》的通讯员和代理人,他非常好地利用了这个机会,尽情施展自己的才华。进入大学后,聂鲁达继续为《光明报》和学联的另一本刊物《青年报》供稿,且不惮于对当时已经颇具声望的作家的作品展开激烈的批评,其中就包括加夫列

---

① 引自《我坦言我曾历尽沧桑》第 56 页,巴勃罗·聂鲁达著,巴塞罗那:塞依斯·巴拉尔出版社,1985 年。

拉·米斯特拉尔①、佩德罗·普拉多②和文森特·维多夫罗③等人。聂鲁达的一则批评甚至剑指《光明报》，他在文中指出，《光明报》自我定义为"紧跟时事、自由臧否的期刊"④，可是实际上它并不具备《青年报》那样的批判性和思想深度。聂鲁达来到首都时，还未满17岁。他的作品虽少，但已小有名气，他的诗歌《节日颂歌》就获得了智利大学学生联合会组织的诗歌比赛的第一名。

积极参与这些课外的社会活动，使得尚不成熟、正在成长的诗人聂鲁达受到了"美丽天空"运动的影响。"美丽天空"运动是1920年由阿图罗·亚历山德里·帕尔马带头推广的社会运动，它呼吁采取保护性的社会立法、政府机构世俗化、通过有利于工人的劳工法，以加强议会制时期被严重削弱的总统权力。"那时的每个人都变得更混乱，更无序，也更不受控制，"聂鲁达日后回忆道，"智利社会严

---

① 加夫列拉·米斯特拉尔（Gabriela Mistral，1889—1957），智利女诗人，1945年诺贝尔文学奖获得者。——译者注
② 佩德罗·普拉多（Pedro Prado，1882—1952），智利作家。——译者注
③ 文森特·维多夫罗（Vicente Huidobro，1893—1948），智利著名诗人。——译者注
④ 引自《我坦言我曾历尽沧桑》第57页，巴勃罗·聂鲁达著，巴塞罗那：塞依斯·巴拉尔出版社，1985年。

重动荡不安,总统亚历山德里发表了煽动性的言论。工人们在硝石场聚集起来,他们将发起这片大陆前所未有的群众运动。那是神圣斗争的日子,有卡洛斯·维库尼亚,有胡安·甘杜尔福①参加。我毫不迟疑地加入了无政府主义学生组织。"② 在这种气氛下,聂鲁达的朋友逐渐聚集在一起,慢慢形成了以后被称为"聂鲁达帮"的团体,其中有被称为"食堂巨人""迷人的疯子""残酷的梦游者"③的成员。聂鲁达还回忆道,在那些年的学生生活里,"我始终有着无法填满的饥饿感。我比以前都写得多,但吃的东西很少"④。他和他的朋友们度过了那段物质匮乏却精神富足的岁月,然而,聂鲁达的几位好友却遭到了不幸的结局。

那时,聂鲁达在报纸杂志上发表了不少文章,他的文学成果主要是1923年出版的诗集《晚霞》。次年,《二十首情诗和一首绝望的歌》出版,诗人很快便在首都的艺术界

---

① 这两人是当时的工人、学生领袖。——译者注
② 劳尔·席尔瓦·卡斯特罗撰写的整版采访中提到了聂鲁达的这段经历,该采访刊载于1926年10月10日的智利《水星报》。
③ 引自《我坦言我曾历尽沧桑》第365页,巴勃罗·聂鲁达著,巴塞罗那:塞依斯·巴拉尔出版社,1985年。
④ 引自《我坦言我曾历尽沧桑》第48页,巴勃罗·聂鲁达著,巴塞罗那:塞依斯·巴拉尔出版社,1985年。

和大学生中赢得了声誉。然而,来自外界的承认并未帮助聂鲁达走出贫困,也没能解决使他不堪重负的种种难题。由于生活条件得不到保障,聂鲁达只好选择放弃大学学业,另谋他路。尽管遭遇了父亲的坚决反对,对于当时的聂鲁达来说,生活中唯一重要的依然是诗。

1924年9月的政变以及迫使亚历山德里总统提前卸任的"剑啸",直接使得智利的政治时局动荡不安。阿连德先后在比尼亚德尔马和兰塞罗斯德塔克纳军团服兵役,服役期间,他始终关心时政,后来以预备役军官的身份期满退役。与阿连德不同,既失去了父亲的资金支持,又没有稳定工作的聂鲁达生活得分外困窘。他带着已出版的几部诗集和正在构想中的作品[①]拜访大学同学和好友,试图凭借自己的名气脱离窘迫的现状。无论是不是公职,只要有份工作,能够有收入,聂鲁达都愿意接受。若能领着政府提供的薪水出国任职则再好不过。聂鲁达渴望成为诗人,这让他更希望获得一份能够出国的工作。加夫列拉·米斯特拉尔不就是这样做的吗?劳拉·罗迪格和他的友人鲁本·

---

① 引自《我坦言我曾历尽沧桑》第57页,巴勃罗·聂鲁达著,巴塞罗那:塞依斯·巴拉尔出版社,1985年。

阿泽卡尔不就是在墨西哥相识的吗？正如拉法埃尔·阿尔贝蒂[①]日后所言，当时所有的拉丁美洲艺术家和作家都在"殷殷切切地望着巴黎"。远行，是当时许多年轻且有抱负的作家的梦想，聂鲁达便是其中之一，他期望着"从外省跃入首都，然后跃入整个世界"[②]。

聂鲁达的朋友们对他的诗作反响各异，有一些人十分欣赏，比如无政府主义者、学生联盟领袖胡安·甘杜尔福。当时的学生领袖还有阿尔弗雷多·德马里亚、丹尼尔·施韦泽、圣地亚哥·拉巴尔卡等人，胡安·甘杜尔福则是个中翘楚。甘杜尔福从智利大学毕业，后成了一名外科医生。聂鲁达这样描述他："甘杜尔福毫无疑问是所有学生领袖中最强势的，我为他大胆的政治理念和无所畏惧的勇气感到惶恐。他像对待孩子一样对待我。事实上，我在他面前的确像个孩子。有一次我去诊室找他看病，但我迟到了，他蹙起眉头凝视着我，并质问道：你为什么不准时到？还有别的病人在候诊。因为我不知道钟点，我回答。拿着它，下次你就知道了，甘杜尔福说。然后从背心里拿出怀表，

---

① 拉法埃尔·阿尔贝蒂（Rafael Alberti），西班牙著名诗人。——译者注
② 冈萨洛·维亚尔在关于智利教育发展的演讲中对聂鲁达的评价。

作为礼物送给我。"① 甘杜尔福帮助聂鲁达的许多作品发行以及再版,其中包括《黄昏》的第一次出版。聂鲁达承蒙甘杜尔福照顾,对他不胜钦佩和感激,并在1926年将《黄昏》的第二版特别献给甘杜尔福:"致胡安·甘杜尔福,纪念《黄昏》的又一次出版,巴勃罗。"聂鲁达的其他好友,如曼努埃尔·比安奇等人,则纷纷出力帮助诗人在外交部取得职位。

就在这一年年初,萨尔瓦多·阿连德从瓦尔帕莱索进入智利大学攻读医学学位。他和正要读完法律的哥哥阿尔弗雷多一起,开始体验圣地亚哥大学生的寄宿生活。和许多同学一样,阿连德在那里受到了学生联盟斗争精神的影响,学联正强烈反对当时压抑的政治风气,随后又反对卡洛斯·伊瓦涅斯·德尔·坎波的独裁统治。这不仅激励了阿连德,还使他对公共事务产生了兴趣。二年级时,青年阿连德被选为医学系学生会主席,四年级时他被选为学生联盟副主席。1929年,阿连德加入大学生政治团体"前进联盟",后来,阿连德因为不同意该联盟建立农民、工人和

---

① 引自《我坦言我曾历尽沧桑》第57页,巴勃罗·聂鲁达著,巴塞罗那:塞依斯·巴拉尔出版社,1985年。

军队成员组织"苏维埃"的决定,选择退出。与此同时,作为政治兴趣的延伸,也出于家族传统,阿连德加入了共济会,随后又进入其下属组织"海勒姆小屋65号",该组织由尤金尼奥·马特·赫塔多创立,是1932年智利社会主义共和国政府的摇篮,也是未来智利社会党的雏形。① 阿连德在共济会中很是活跃。20世纪70年代,他由于具备多重政治身份,才逐渐减少露面。同时,和那时许多著名的政治人物(比如佩德罗·阿吉雷·塞尔达)一样,阿连德自愿奉献出夜晚的空闲时间,在一所工人职业学校免费任教。

20世纪20年代末的世界经济危机席卷了南美的许多国家,智利也不例外,工厂倒闭,企业破产,工人和企业雇员大规模失业。硝石和铜停止出口,直接导致企业破产、裁员,大批失业者涌向首都寻找工作,寻求援助,指望获得国家并不提供的社会福利。在目睹了这一系列政策缺陷和社会冲突后,阿连德意识到,智利当局必须向人民提供社会援助,这是他们的义务。此外,他也清楚地知道作为个人参与政治事务的紧迫性。

---

① 参见刊载于智利《国家报》副刊《阿连德面面观》第28页的文章《阿连德传:祖辈、童年与青年》。

正如诗人出于"使命"和经济状况原因未能完成大学学业一样,阿连德也认为,他的大学学业同样受到了政治因素的干扰。大学第五年担任学生会的医科学生代表期间,由于持续批判卡洛斯·伊瓦涅斯·德尔·坎波独裁政府及其继承人的肆意妄为,阿连德受到了严厉的处分。"我因参与活动,而被大学开除,还被送进了监狱"[①],阿连德日后回忆道。伊瓦涅斯政府垮台后,在动荡不安的社会主义共和国时期,阿连德至少受到了五次起诉,还险些被送上军事法庭。然而,这些起诉并未阻止阿连德重返校园,并且在24岁那年取得外科医学学士学位。和他不同的是,聂鲁达最后并未取得大学学位,而是离开了智利,继续他的诗歌事业。

经过不断努力,聂鲁达终于在南亚获得了领事一职,并在当年圣地亚哥知识分子聚会时认识的旧友阿尔瓦罗·伊诺霍萨的陪同下环游南亚。聂鲁达在缅甸、锡兰和印度尼西亚总共待了五年。五年中,聂鲁达执着地追求"定义属于自己的诗歌语言"。多亏了这份执着,以及他在那些"神话之国"中经历的孤独、漂泊和与世隔绝,诗人终于找

---

① 引自《1970—1973年阿连德接受的采访》第26页《雷吉斯·德布雷对萨尔瓦多·阿连德的采访》。

到了自己的风格,并将其体现在了随后出版的诗集《大地上的居所》中,这本诗集堪称20世纪最具影响力和革新性的作品之一。

20世纪20年代,学生联盟在政治和社会领域颇有影响,他们的影响甚至波及知识分子群体,在那之后,学联日渐式微;各个政党形成的格局趋于稳定,国家的政治进程和社会需求同时转向了霸权主义。聂鲁达和阿连德都是在智利大学就读期间进入学联的,前者在20年代初,后者则是在20年代末,不过无论哪一个时期,智利都处在紧张的政治和社会状况之中,这促使聂鲁达和阿连德二人渐渐萌生文学和政治理想,在这之后,他们又坚定了各自的理想,并承受了自己的选择带来的考验。阿连德日后回忆道,在参加社会运动的群体中,"我们医学生是最积极的,(证据之一是)我们当时住在因德本登西亚-雷科莱塔街区一个条件简陋的社区中,完全与普通百姓生活在一起,我们大多数是来自外省的学生。夜里,我们仍住在小社区里,聚在一起高声朗读《资本论》,朗读列宁,朗读托洛茨基"①。

多年后的1965年,在写给共济会的辞职信中,阿连德

---

① 引自《1970—1973年阿连德接受的采访》第27页《雷吉斯·德布雷对萨尔瓦多·阿连德的采访》。

忆及了自己是如何产生这份社会理想的。回忆起学生时代，他说："那是一个为社会、为政治振臂高呼的年代，是热血的青年医生的年代，是广泛地、匿名地发挥各自专长的年代。"阿连德还补充道："当年祖国的真实状况使我受到了强烈的冲击。确切地说，从经济、文化、社会、政治等方面来考量，这是整个拉丁美洲的真实状况。"① 阿连德又简练地概括道："医学生和医生们面对的是赤裸裸的社会现实。"②

在智利大学就读时，阿连德幸运地成了许多著名专家学者的弟子。他们是为智利社会医疗领域做出了巨大贡献的著名医生卢卡斯·赛拉、埃米利奥·阿尔杜纳特、胡安·诺埃、阿曼多·拉拉吉贝尔、爱德华多·克鲁兹·科克。或许正是由于受到了老师们的影响，阿连德的毕业论文围绕精神卫生与犯罪问题③展开。一踏出校门，他立即将论文中阐述的理论付诸实践，在实践中使这些理论更加完备。

---

① 引自《走近阿连德》第68页，佩·维克多著。
② 参见索尔·兰道对阿连德的采访（网址：http://www.youtube.com）。
③ 该论文自1933年起一直作为学术资料保存在智利大学医学院，2005年才首次发行纪念版，琼·加塞斯、胡安·卡内尔、巴勃罗·奥亚尔松和胡利奥·席尔瓦·索拉等人为该版本撰写了导读语。见《精神卫生学与犯罪行为》，萨尔瓦多·阿连德著，圣地亚哥出版社智利-美洲社会研究中心出版。

与聂鲁达在文学上的境遇相似，阿连德开始展现出他的政治家特质，这也是20世纪上半叶一个政治家所必备的特质：具有社会责任感及独特的见解，并深信政治行动可以对有需求的阶层发挥"救赎作用"。

政局稳定，寻觅新的方向

无论从何种意义上来说，1932年都是智利历史上意义重大的一年。那一年，阿图罗·亚历山德里·帕尔马领导的第二届政府开始执政。那时，国际经济形势回暖，智利也进入了政治稳定、经济复苏的时期。经历了南亚那段"炼狱般的日子"之后，聂鲁达终于和荷兰裔爪哇妻子玛丽亚·哈根纳尔一同回到了祖国。诗人在给妹妹劳拉的信中写道："他们打电报让我回智利，但窃贼把我偷得身无分文。回到智利后没能迅速找到工作，我该如何是好？"[①] 尽管聂鲁达很快找到了旧时的朋友，回到了文学沙龙，但他

---

① 巴勃罗·聂鲁达1932年2月9日写给妹妹劳拉·雷耶斯的信。见《给劳拉的信》，雨果·蒙特斯编，马德里：伊比利亚-美洲合作中心西班牙语语言文化出版社，1978年。

一时找不到稳定的工作。然而，这个时期对他从事以后的文学事业十分关键。

1933年，他的作品《大地上的居所》在圣地亚哥出版。聂鲁达开始在各地的领事馆担任领事。值得庆幸的是，他所就职的大多数国家都说西班牙语，这使得他的作品得以广泛传播，而且，他开始拥有自己独特的创作风格。在这段时间里，他的诗歌从沉重灰暗走向恢宏壮丽。从此，他走出封闭的小世界，获得了更广阔的全球视野。[①] 聂鲁达的领事工作的新阶段始于阿根廷，继续于西班牙。他的女儿玛尔瓦·玛丽娜在西班牙出生，在这片土地上，聂鲁达与诗人加夫列拉·米斯特拉尔重聚。聂鲁达这十年的领事工作以在智利与法国的短暂任职告终，在那之后，诗人前往墨西哥，担任了三年的总领事。

在这一时期，由于经济状况紧张，且父亲的身体每况愈下，萨尔瓦多·阿连德不得不到瓦尔帕莱索医院就职，同时在这座港口城市的卡洛斯·范布伦医院停尸间兼职解剖助手。阿连德日后回忆道，"不到一年的时间里，我进行

---

① 引自《巴勃罗·聂鲁达全集》第四卷，第33页，赫尔南·洛约拉编，加拉西亚·古腾堡出版社和读者俱乐部合作出版，2001年。

了一千余次尸体解剖"①。多年后的1972年至1973年间，诺贝尔文学奖获得者、已经功成名就的诗人聂鲁达正是在卡洛斯·范布伦医院被确诊为前列腺癌，最终正是被这个病魔夺去了生命。

对于阿连德而言，除医务工作外，20世纪30年代前半期还是一个交融着政治与工会工作的时期。作为社会党创始人之一，他于1933年担任社会党秘书长，还跻身瓦尔帕莱索医生群体的领袖行列之中。阿连德甚至担任了整整三年的《社会医学》杂志编辑，且曾有五年时间亲自参与《智利医学公报》的编写。时局中的党争和政治意外使得这位年轻的政治家注定将经受他的决定所带给他的严峻考验。阿连德针对阿图罗·亚历山德里·帕尔马政府不公行径的批判和谴责引起了智利当局的不满，政府对阿连德进行了六个月的降职处理，勒令其前往卡尔德拉市工作。

阿连德后来曾思考他为何没有在那个时期成为共产党员，这支在社会党初创时期就已存在的政党由工人阶级建立，极具革命性与斗争性，其指导思想与社会党思想相近。

---

① 引自《与阿连德在一起的四分之一个世纪》第107页，奥斯瓦尔多·普乔著，圣地亚哥：广播出版社，1985年。

阿连德透露，或许是那时的自己尚未意识到无产阶级国际主义精神的重要性，且那个时期的共产党"更拘泥、更闭塞"，考虑到这些情况，立足于本土政党更有利于全面了解和分析智利的社会现实。"我们（社会党人）认为，建立一支具备延展后的共产主义思想，完全独立，以另一种方式精准聚焦社会问题的政党更加有益，"阿连德阐释道，"除了国际立场以外，智利人应当有智利人自己的标准，难道不是这样吗？"[1]

---

[1] 引自《1970—1973年阿连德接受的采访》第25页《雷吉斯·德布雷对萨尔瓦多·阿连德的采访》。

第二次交会

人民阵线时期

对于诗人聂鲁达和社会党人阿连德来说,人民阵线的逐渐形成及其连带的政治动荡是他们人生中第二个关键的时间节点——第一个是在几年前,还是智利大学学生的聂鲁达与阿连德那时便已积极投身校园的学生联盟的活动。1937年10月,诗人回到智利,此时萨尔瓦多·阿连德正处于第二届亚历山德里·帕尔马政府党内斗争末期。聂鲁达亲眼见证了西班牙内战。这令人震撼的、决定性的经历某种程度上改变了他的诗风。① 这种变化在他的新作《西

---

① 参见《第二报》副刊《走近聂鲁达Ⅰ》中豪尔赫·爱德华兹的文章《居住在东方》,文中写道,聂鲁达与第二任妻子卡莉尔共同经历了这场变故,对此,拉法埃尔·阿尔贝蒂做出结论:"她正是那个共产主义者"。

班牙在心中》内得到了体现，且让诗人收获了更多来自国际的认可。1939年3月，正逢西班牙共和党人即将失败之时①，诗人敏锐地觉察到了政治环境的变化对他的生活与作品产生的双重影响，于是，他在诗作《愤怒与痛苦》中增添了下面这段附注：

> 1934年，我写了这首诗，从那时起发生了多少事情！我笔下当年的西班牙如今已成为一片废墟。唉！多希望一首诗或一份爱就能平息整个世界的怒火，但只有战斗和勇敢的心能够做到。世界变了，我的诗也变了。但诗行之间落下的那滴热血，如同爱一样永不磨灭。

西班牙的那段生活，对他的人生及政治理念具有奠基性的意义。这一点在诗人后来的自我陈述中得到了确认："可以说，我是在西班牙内战后成了真正的共产主义者……在西班牙的那段日子里，我醒悟到自己应该做一个共产主义者。"②

---

① 1936年，西班牙共和党人获得了大选的胜利，以佛朗哥为首的长枪党人发动武装叛乱，由此而爆发了历时三年的西班牙内战。最后，佛朗哥取得胜利，开始了近四十年的独裁统治。——译者注
② 引自1969年10月3日对聂鲁达的采访《年轻的躁动只是浪漫的冒险主义》。

阿连德当时还不满 30 岁，但他在繁忙的政务和公共事务中所展现出的卓越才能使社会党的成员们意识到了他毋庸置疑的领导能力，并热切支持他参选国会议员。1937 年，阿连德作为瓦尔帕莱索和基略塔省第六届省组织代表成功当选众议员。从此，他在群众中声望日隆。他积极参与中左翼反对党的组建，为其党派成员次年参选总统做准备。此外，作为立法者中的一员，他还为《1938 年智利疾病预防医疗法》的通过做出了巨大贡献，可以说，阿连德是"智利社会历史的重要谱写者"①。激进党人、社会党人、共产党人及其他力量构筑而成的人民阵线和二人共同坚持的反法西斯立场，使得聂鲁达与阿连德的身影愈加紧密地重叠在一起。②

作为智利知识分子联盟主席，聂鲁达发挥了旗帜性的

---

① 引自阿连德相关资料中卡洛斯·布里奥内斯的文章《长久的友谊》第 2—3 页，1987 年（网址：http://www.salvador-allende.cl）。
② 1938 年 12 月，阿连德公开支持并签署了《瓦尔帕莱索医生联合声明书》，借此向纳粹分子迫害德国犹太人的罪恶行径表示强烈的抗议。医生们说，这份声明源自"我们内心深处对真理、对正义的信念，以及我们的人权意识"。聂鲁达注意到了阿连德的行动，并私下保存了该声明书的副本。巴勃罗·聂鲁达档案馆馆藏的信件显示，由于公开了自己反纳粹主义、反恐怖主义的立场，1941 年 12 月，聂鲁达在墨西哥库埃纳瓦卡受到了亲纳粹分子的袭击。诗人在 1941 年 12 月 31 日写给阿尔贝托·罗梅罗的信中详细提到了这一事件。见《聂鲁达的旅行纪要（1927—1973）》第 165—168 页，亚伯拉罕·克扎达·维尔加拉著，圣地亚哥：里尔出版社，2004 年。

作用，他无条件地捍卫西班牙第二共和国，坚决反对法西斯主义及极权主义在欧洲的蔓延。同时，他坚持推举中左派激进党人佩德罗·阿吉雷·塞尔达参选总统。对于聂鲁达和阿连德的结识，阿连德的妻子奥顿希娅·布希后来回忆道："萨尔瓦多和巴勃罗相识于 1938 年，他们同为佩德罗·阿吉雷·塞尔达总统工作，力图击败当时的右翼总统候选人古斯塔沃·罗斯，这项工作并非易事……"①

对于他们的相识，另一种说法则认为，两人的初次相遇发生于阿连德居住在学生公寓的那段时间，这栋公寓位于因德本登西亚-雷科莱塔街区的智利大学医学院附近。阿连德原本住在天主教公墓旁的街区，迁居布兰科山周边紧邻奥茨之家的一所小公寓租住了一段时间后，又搬到伦希福街区的洛克街。正是在这条通往因德本登西亚-雷科莱塔街区的街道上，他认识了聂鲁达，也认识了维森特·乌伊多布罗、欧亨尼奥·冈萨雷斯、玛努埃尔·伊达尔戈和埃米利奥·萨帕塔·迪拉兹等人。② 不过，这种说法不太站

---

① 引自罗丝·玛丽·格拉普 2003 年所作文章《怀念聂鲁达：奥顿希娅·布希·德·阿连德讲述丈夫阿连德与诗人的友谊》，刊载于智利《笔记》杂志第 54 期。
② 参见刊载于智利《国家报》副刊《阿连德面面观》第 27 页的文章《阿连德传：祖辈，童年与青年》。

得住脚，因为聂鲁达虽然确实曾经居住在这一带，但那是在阿连德1926年来到首都开始念大学之前，并且阿连德在次年6月便出国进修，大约五年后的1932年4月才重回圣地亚哥。

阿连德很早就确定了自己社会党人的政治立场。而聂鲁达那时虽然亲近共产主义，却不曾积极地加入党派。不过两个人都承认，他们从大学时代起就受到无政府主义思想①的熏陶，并且由于家族关系，与激进党派②有着不解之缘，或许对它至少怀有好感。再后来，二人的目光自然转向了智利政治党派中最重要的那一支——它有着中立的、世俗的、国家主义的思想特征，在如何改变主流政治社会结构这一点上主张渐进而非直接革命的方式。

聂鲁达踊跃投身人民阵线的竞选活动，并多次在《智利曙光》杂志上发表鼓舞性文章和演说词，为佩德罗参选总统助威。其中一篇文章单刀直入地题名为《佩德罗先生》，文中写道："智利正面对着前所未有的重大选择，在

---

① 无政府主义对于阿连德的影响，可参见卡洛斯·布里奥内斯1987年谈及阿连德的文章《长久的友谊》第2页，对聂鲁达的影响在他一系列行动中对待领导人的态度上得到了体现，可参见《我坦言我曾历尽沧桑》第56—57页。
② 聂鲁达曾坦言"我是激进主义者"，可参见对聂鲁达的采访《年轻的躁动只是浪漫的冒险主义》。

我们面前的是两位天差地别的候选者，一个姓罗斯，多么国际性的姓氏，另一个姓阿吉雷，这是我们智利人自己的姓！这不仅仅是简单的用语问题……智利，一个寡头统治集团，一个紧密团结的集体，如何能轻信一位格格不入的外邦人、一个追名逐利的亡命徒、一片荼毒人民的烈性药？智利应该选择它最合适的代表，选择一位中产阶级的领导者、一个庄严而纯洁的人、一名地地道道的智利人！"[1] 聂鲁达以智利知识分子联盟主席的身份向群众承诺，一旦人民阵线领导人佩德罗取得领先，联盟将坚定支持他所率领的新政府重视教育的方针。诗人还表示，"联盟已委托由技术人员、作家、音乐家和艺术家组成的委员会于下周向佩德罗·阿吉雷·塞尔达阁下递交一份完整的计划"[2]。

1938年，作为中左派代表和副部长的阿连德在瓦尔帕莱索省积极宣传人民阵线，呼吁左翼力量的集结，这直接使得佩德罗在瓦尔帕莱索省赢得了大量选票。在最后的大选中，佩德罗以不到四千票之差险胜古斯塔沃·罗斯，来

---

[1] 引自《巴勃罗·聂鲁达全集》第四卷，第406—407页，赫尔南·洛约拉编，加拉西亚·古腾堡出版社和读者俱乐部合作出版，2001年。
[2] 引自聂鲁达的演讲《发展教育将是时代的丰功伟绩》。见《巴勃罗·聂鲁达全集》第四卷，第412页。

自瓦尔帕莱索省的选票因此显得弥足珍贵。阿连德通力支持聂鲁达,同样递交了一份关于新政府的分析报告,题为《让智利成为知识的乐园,让国家从此再无文盲》①,文中强调,"智利的文盲问题是一个可耻的问题,是政府现在最重视的问题"②。阿连德和聂鲁达为新政府奔走操劳,激进党阵营上台后,两人都被委以重任。

部长阿连德

基于社会党在人民阵线政府中的重要地位,年仅31岁的阿连德被任命为卫生、疾病预防和社会福利部部长。为此,他不得不辞去原先的众议员一职。部长阿连德上台后迅速适应了自己的身份,但在进入政治舞台的同时,他并未改变自己一丝不苟的专业精神。在任职初期接受的一次采访中,阿连德表示:"智利的卫生状况固然受到涉及国际

---

① 1939年9月16日,社会党刊物《口号报》上刊登了全国代表大会提出要开展工农扫盲运动的消息。
② 引自刊载于智利《国家报》副刊《阿连德面面观》第60页的文章《大师们的咖啡厅》。

多方利益的复杂因素影响,但我们的国家有两大武器对抗细菌与疾病的侵袭,分别是由智利工人社会保障组织资助筹建的智利国家实验室和微生物研究所。这两大武器使得我们免遭国际资本集团的控制,能够抵御,亦能够反击。"①

本着这种精神,阿连德呼吁推进社会福利部重组②以统一全国的福利体系。除了将卡洛斯·布里奥内斯(他最亲密的同盟者之一)带到卫生、疾病预防和社会福利部③任职,阿连德最初的创举还有设立遍布全国的乳品销售网点"牛奶吧",为人民提供物美价廉的牛奶及各类奶制品。阿连德援引了相关数据作为政策施行的理论支撑,数据表明,智利国民平均消耗的牛奶量只有美国人的七分之一。一个智利人要比一个美国工人多工作七倍,才买得起生活所需的面包,工作量多十倍才买得起一公斤糖。

为了更加直观地反映社会问题,阿连德于1941年举办"智利住房展览会"。那时,智利尚无研究国民住房问题的

---

① 引自伊斯梅尔·爱德华兹与阿连德的对谈,1939年10月19日刊载于《今日》周刊。见《萨尔瓦多·阿连德:1908年至1973年的政治生活与议会工作》第278页,大卫·巴斯克斯总编,圣地亚哥:国会图书馆出版社,2008年。
② 参见理查多·克鲁兹-科克2003年的文章《阿连德自传集》,刊载于智利《国家医学》杂志第131期,第809—814页(网址:https://scielo.conicyt.cl)。
③ 三十年后的1973年,卡洛斯·布里奥内斯任阿连德政府内政部长,7月5日就职,同年8月9日卸任。

相关部门。展览设在首都的阿拉米达大道上,与聂鲁达曾在演讲中咒骂过的联合俱乐部隔街相望。通过这场展览,卫生、疾病预防和社会福利部部长阿连德展现了智利城市与农村地区底层群体恶劣的住房条件。展览上,阿连德为在场观众展示了一处标准住房,它的建造花费了一周工时和当时的一万比索。紧挨着那座房子,还建造了一所破茅屋,为的是向观众展示智利最贫困群体的居住状况。阿连德部长以这种方式向人们表明,智利的住房问题源自人民从农村向城市的大规模集聚,这就必然导致城市人满为患,新移民只能杂居在一起,传染性疾病也随之迅速传播。然而,阿连德也表示,即使施行有效的公共政策,该问题也要至少十年才能解决。

1939年,阿连德出版《智利社会医学的现实》[①]一书,该著作罗列了一系列数据,并提出了可行的建议。这是对智利糟糕透顶的公共卫生状况首次公开、严肃的研究。书中,阿连德毫不遮掩地指出了智利的卫生、人口及社会福利状况中存在的问题,并突出强调了当时的社会条件下孕妇所额外面临的种种医疗难题。阿连德在著作中总结道,

---

① 该研究由圣地亚哥卫生、疾病预防和社会福利部于1939年公开刊出。

国家势必出台相应的政策，以深化社会各阶层的行政管理体制改革及医疗卫生改革。

1940年9月，阿连德回到众议院发表述职演说。任职卫生、疾病预防和社会福利部部长期间，他的功绩主要包括引导性病患者直面治疗，推广全国中小学生牙齿健康检查，大幅降低黄热病致死率，以及向学生提供免费午餐。阿连德所在的政党于1941年退出人民阵线。同年11月，佩德罗·阿吉雷·塞尔达总统逝世。阿连德直至次年4月仍一直担任部长。离开内阁后，阿连德开始专注于党内工作，并在日后正式开启了参议员生涯。

阿连德实际担任众议员的时间并不长，但对他而言，这是一段繁忙而有序的立法工作的开始，有着十分重要的意义。在职期间，他尽心竭力，提出了许多切实可行的措施帮助法案的通过。这些法案涵盖了社会保障、社会政策、保障基金、员工退休金、工人保险、工伤事故、职业病、治疗药物医学等诸多方面，除此之外，阿连德还创立了国家医疗服务制度。见证这些立法工作的人士指出，上面提到的这些法案都是阿连德提出的，"是他为了保护劳动者的利益并让他们参与到社会保障机构的监督体系中去所做的坚持不懈的努力"。见证人还表示，"这是阿连德为了让受益的劳动者监督政府的社会责任所采取的措施"①。

社会党领导人阿连德作为立法者,凭借满腔热情和大学所学的专业知识,与一群杰出的医疗界人士一起逐渐改变了当时人们狭隘的医疗观念,让"卫生"尤其是"公共卫生"这个在当时还很狭窄的概念得到了扩充。正是从那时起,智利政府开始针对不同的年龄群体采取有效的公共政策,关注健康成了一种普遍的社会现象②。在培养国民健康意识这一点上,阿连德和当时的总统佩德罗·阿吉雷·塞尔达一样,都是"爱国运动先锋军"③的一员。从某种意义上来说,社会卫生状况的改善同样是由一小群专家和政治家推动的,其中阿连德所在的议会与卫生、疾病预防和社会福利部做出的贡献尤为突出。这改变了19世纪末以来智利社会不公的现象。

---

① 引自卡洛斯·布里奥内斯1987年的文章《长久的友谊》第3页。阿连德从医学层面为公共卫生所做的贡献可参考比阿特丽斯·布埃诺·埃斯潘多拉的作品《社会医学笔记本》第81—82页,1999年第一版。
② 该观点由阿连德的私人医生帕特里西奥·吉龙1973年9月11日在拉莫内达宫提出。见《阿连德的世纪》第52页,2008年。
③ 参见《佩德罗·阿吉雷·塞尔达:教育家的人生轨迹》第22页,亚伯拉罕·克扎达·维尔加拉著,圣地亚哥:智利大学出版社,2012年。

爱的使命

佩德罗·阿吉雷·塞尔达总统任命聂鲁达为驻法国大使馆负责西班牙移民①的领事。在那里,聂鲁达完成了一生中最伟大的壮举——温尼伯援救行动。"是的,把西班牙的难民交给我吧,"总统说,"把渔民们交给我,把巴斯克人、卡斯蒂利亚人、埃斯特雷马杜拉人交给我,我们愿为每一位难民提供工作。"②

阿连德于 1939 年 9 月末才开始担任卫生、疾病预防和社会福利部部长,但"温尼伯号"将 2201 名西班牙流亡者成功送往瓦尔帕莱索省时,还不是部长的他是西班牙共和党的同情者,作为西班牙难民救助委员会的一员,向流亡者积极施以援手。在这之后,流亡者中的许多人成了他的知交③,

---

① 西班牙内战结束,佛朗哥实行独裁统治。共和党人及同情共和党的人开始移民国外。拉丁美洲许多国家伸出援手,接收了这些移民。——译者注
② 引自《我坦言我曾历尽沧桑》第 198 页,巴勃罗·聂鲁达著,巴塞罗那:塞依斯·巴拉尔出版社,1985 年。
③ 参见《与总统同行:阿连德社会主义与民主主义的一生》,马里奥·阿博拉斯著,瓦伦西亚:瓦伦西亚大学出版社,2008 年。

其中就包括当代艺术家何塞·巴尔梅斯与著名学者佩·维克多。阿连德以共和党人朋友的身份参与行动,他的合作者之一,既是保守派政治家又是医生的爱德华多·克鲁兹·科克,是他在智利大学医学院就读时的导师。[①] 两人虽属不同党派,但同样憎恶佛朗哥在西班牙的恐怖统治。

据"温尼伯号"上的流亡者描述,那时,阿连德站在船只抵达的港口,亲自指导难民们登陆后依次接种疫苗。当年接受援助的难民之一奥顿希娅·维达尔日后回忆道:"船只缓缓停靠在瓦尔帕莱索港,年轻有为的众议员先生站在人群之中指挥,许许多多的智利人主动来到码头帮助我们,我的同胞们在港口齐声吟唱西班牙内战之歌。从甲板上眺望着瓦尔帕莱索省明亮的山丘,我感受到了手足般的友爱。"[②] 这场人道主义救援行动帮助了数量可观的西班牙流亡者成功抵达智利,其中,由萨尔瓦多所领导的卫生、疾病预防和社会福利部功不可没,引起了智利社会的广泛关注。这场行动使得聂鲁达和阿连德之间的联结更加紧密,

---

① 参见埃德蒙多·塞拉尼所作文章《萨尔瓦多·阿连德·戈森斯:一部政治传记》。见《萨尔瓦多·阿连德:1908年至1973年的政治生活与议会工作》第30页,大卫·巴斯克斯总编,圣地亚哥:国会图书馆出版社,2008年。
② 参见网络资料(网址:https://www.cronicapopular.es/2012/03/la-travesia-del-winnipeg-un-poema-solidario/)。

诗人对这位政治家的认识更进了一步,他们之间的关系也更亲近了。佩德罗·阿吉雷·塞尔达总统曾许诺,温尼伯行动后将任命聂鲁达为驻外大使[①]。行动结束后,总统食言了。但好在指派了聂鲁达作为总领事前往墨西哥工作。1940年8月,聂鲁达在墨西哥邂逅了阿根廷女子黛丽娅·德尔·卡莉尔,她迅速成了诗人的新任妻子。

1935年到1945年这一时期,对于聂鲁达和阿连德都具有重大意义。这十年中,聂鲁达不仅在国内乃至国际树立起了良好的公众形象,而且在政治领域、文学创作甚至感情生活上也收获颇丰。阿连德和聂鲁达二人分别在自己的政治事业和文学事业上都取得了成绩,并且也都成了推进智利民主进程的先驱。

阿连德于1937年当选众议员,1939年担任卫生、疾病预防和社会福利部部长,1940年同奥顿希娅·布希结婚,1943年接任社会党领导人,1945年当选参议员。

1935年,聂鲁达在马德里出版《大地上的居所》,获

[①] 准确而言是智利驻古巴大使,聂鲁达在1942年4月22日致外交部部长埃内斯托·巴罗斯·贾帕的信中提到了这一事件。见《聂鲁达的旅行纪要(1927—1973)》第165—168页,亚伯拉罕·克扎达·维尔加拉著,圣地亚哥:里尔出版社,2004年。

得了诸多荣耀。1937年诗人回到祖国,担任智利知识分子联盟主席,1939年组织西班牙难民救援行动,1940年担任智利驻墨西哥总领事,1942年同黛丽娅·德尔·卡莉尔缔结婚姻,次年开始撰写他里程碑式的作品《诗歌总集》(当初名为《智利的诗歌总集》)并当选参议员,1945年聂鲁达终于成了一名共产党员。

甜美的滕查

聂鲁达曾经就读的智利大学教育学院向来是政治激荡的沃土。20世纪30年代中期,在教育学院完成了历史和地理课程的学习后,奥顿希娅·布希取得了教育学学士学位。在那之后,她开始学习统计学专业,并于毕业后进入智利国家统计局担任一名图书管理员。布希一家住在美丽的马鲁里街,这也是同聂鲁达的缘分之一——诗人年轻时曾在马鲁里街居住,他在那儿写下了《马鲁里的黄昏》,并将它编入了第一本诗集《黄昏》中。诗人日后如此回忆那段岁月:

> 我经人推荐,住进了马鲁里街513号寄宿公寓。

这个号码我永远不会忘记。或许我会忘记所有日期，甚至忘记我自己的年龄，但是这个号码——513号，我没齿难忘。多年以前，由于惧怕会在全然陌生的首都迷路，以致无家可归，我牢牢记住了这个号码，从此它便烙印在了我的脑海之中。那时，我常常坐在马鲁里街的露台上，观察着黄昏如何一点点结束：空中招展着墨绿和鲜红的旗帜，烧红的天空逐渐迫近郊区荒凉的屋顶……①

聂鲁达和阿连德的一位共同好友那时也住在马鲁里街，这位友人描述："每天早晨8点，我都能看见一个女学生登上公共汽车，她在教育学院修历史课程。这个女孩容貌俏丽，总戴着一顶贝雷帽。"② 1939年1月，奇廉城发生大地震，阿连德在这场意外中认识了奥顿希娅。"当时是晚上，我正和几个朋友在电影院里，"③ 滕查（奥顿希娅·布希的昵称）回忆道，"很久以后我才知道，阿连德那时正在参加

---

① 引自《我坦言我曾历尽沧桑》第48页，巴勃罗·聂鲁达著，巴塞罗那：塞依斯·巴拉尔出版社，1985年。
② 引自《聂鲁达传》第55—56页，沃洛迪亚·泰特尔博伊姆著，阿尔巴塞特：梅拉出版社，2003年。
③ 同上。

共济会会议。他惊慌失措地从破旧的会议大楼逃了出来,电影院的人群同样被紧急疏散,我们在马路中间意外地相遇了,还差点撞到彼此身上。阿连德的朋友们向他介绍了我,然后我们所有人一起去因迪尼街的市政剧院对面喝咖啡。"① 短暂的恋爱后,阿连德和奥顿希娅·布希步入婚姻殿堂,共同组建家庭。他们一共育有三个女儿,分别是长女比阿特丽斯、次女卡门·帕斯和小女儿伊莎贝尔。夫妇俩的一位邻居对那时的滕查仍有印象:"她是个美丽的女人,一位真正的美人。"② 阿连德甚少谈及自己的感情生活,但后来他曾公开自己对妻子的表白,内容近似于"我喜欢日落,但我更喜欢你"。不过据奥顿希娅透露,这并非阿连德当时的原话,更准确的版本是"我简简单单地爱上了一双眼睛,却不知道眼睛的背后藏着什么"③。

---

① 引自《分析》杂志对奥顿希娅·布希的采访《只有团结才能结束独裁统治》第4页,为1983年(阿连德逝世整整十年后)的特别采访。
② 引自卡洛斯·布里奥内斯的文章《长久的友谊》第5页,1987年。
③ 引自《埃尔西利亚》杂志1970年8月5日至11日的采访《候选人阿连德》。见《萨尔瓦多·阿连德:1908年至1973年的政治生活与议会工作》第286页,大卫·巴斯克斯总编,圣地亚哥:国会图书馆出版社,2008年。

第三次交会

在参议院

在智利大学和圣地亚哥知识分子圈生活的那段日子里,聂鲁达和阿连德形成了高度自觉的公民意识,这种意识在人民阵线时期得到了巩固,并一直延伸至两人以参议员身份共同参与国家立法工作时期,此次联手可称为他们的第三次交会。20世纪40年代初期,阿连德作为最具影响力的社会党领导人,与极具个人魅力的马马杜克·格罗韦竞争领导权。马马杜克是前任上校,也是社会党的创始人之一。尽管在党内针锋相对,二人的家族关系却十分密切,萨尔瓦多的妹妹伊内斯嫁给了马马杜克的弟弟①。为了进入参议院并当选议员，阿连德主动辞去了社会党瓦尔帕莱索支部秘书长的工作。1945年，阿连德成功当选第九选区（包含瓦尔迪维亚省、奇洛埃省、兰奇胡亚省、艾森省和麦哲伦省）参议员。而与此同时，聂鲁达当选第一选区（包含北方省、塔拉帕卡省、安托法加斯塔省）参议员。通过竞争，他获得共产党全国进步同盟提名。在这年的7月，他正式成为一名共产党员。

这样，聂鲁达逐渐成为有社会责任感的知识分子，而阿连德则更踊跃地投身于高强度的政治活动。他们两人在议会中再度聚首，协同共振。由于他们都有丰富的生活经历和充实的理论基础，他们对各自的政党都很忠诚。这大概源于他们都怀有的政治上的理想主义，也就是说，他们都有精神上的诉求，对贫困和弱势群体抱有深深的同情。正如记者兰卡·弗兰努里克指出的那样，"聂鲁达几乎在进入参议院的同一时期，获得了智利国家文学奖。这或许就标志着，不论政治会将他带到何方，他将永远是个诗人"②。

---

① 可能指爱德华多·格罗韦·瓦莱霍，时任比尼亚德尔马市市长，后担任智利驻加拿大大使。
② 引自伦卡·弗朗努利奇对聂鲁达的采访。见《巴勃罗·聂鲁达：美国之路》第404页，奥利瓦里斯·埃德蒙多著，圣地亚哥：罗姆出版社。

立法工作

1945年5月底,智利参议院成立了各种委员会,聂鲁达和阿连德二人分别担任教育委员会和外交委员会的委员。虽然二人分属的政党一直针锋相对,但是聂鲁达和阿连德依旧保持着密切合作,并借助讨论会和定期的"议事时间"共同提出了许多提案。1945年7月,聂鲁达在与佩德罗·阿吉雷·塞尔达总统的谈话中说,"总统先生,我很赞同我们刚才听到的尊敬的阿连德先生的发言和他的想法。我希望尊敬的参议员们,乃至全国人民都能够注意到近期发生在秘鲁的重要变革,我们的姐妹国家秘鲁改变了她的政治体制,走上了宪法和民主的全新道路,而这也正是我们国家多年来遵循的宪政和民主"①。

聂鲁达和阿连德二人还对许多提案给出了相似意见,例如1945年12月否决对总检察长阿古斯丁·维戈莱纳的违宪指控,1947年6月反对将圣地亚哥市长雷内·弗里亚

---

① 1945年7月3日参议员聂鲁达在会议上的发言。见《1945年参议院日常会议记录》第一卷,第583页,国家出版集团图形工作室,1945年。

斯·奥杰达所涉一案认定为刑事案件。1947年10月,针对煤矿地区的工人冲突,以及对此问题进行的深入研究,聂鲁达在参议院提出建立一个委员会来调查加夫列尔·冈萨雷斯·魏地拉政府揭露的所谓的叛乱计划①,他还提议他的好友阿连德为委员。1948年1月,二人再次一起否决了授予行政部门特别权力的议案。

在参议院,阿连德有机会继续他在担任众议员和卫生部部长期间所做的努力,致力于建构合适的法律框架以保障公共卫生领域内各类举措的实施,最终达到改革智利现有卫生系统的目的。这位社会党领导人利用他的政治才能和社会医学知识,对诸如前卫生部部长爱德华多·克鲁兹·科克等人提出的建议展开研究,并发表指导意见。以不影响各类社会法的制定为前提,他集中力量在全国医疗体制方面采取立法行动,促成了许多法律草案的通过,其中包括1948年通过的《中小学卫生法》,1951年通过的《国家医药法》,1952通过的《国家卫生法》,以及在他下一个任期中的1955年通过的《社会保障法》。

他身边的人曾披露,阿连德在参与议会工作的早期就

---

① 1947年10月14日星期三参议员聂鲁达在会议上的发言。见《1947年参议院特别会议记录》第一卷,第127页,国家出版集团图形工作室,1947年。

"清楚地意识到，如果国家不能给予保障和支持，如果社会上没有足够的工作岗位和健全的医疗体制，犯罪率将会逐年上升，最终受到损害的是妇女和儿童的切身利益"①。由于阿连德的参议员的工作和大多数立法者的工作在传统上很少关注公共事业，所以人们并不知道这位医生和多届总统候选人是 20 世纪智利社会医疗法律体系最积极的推动者和参与者②。

与阿连德的情况相似，参议员聂鲁达专注于他职责所在的社会方面，谴责当时的社会弊病及不平等现象，这些现象包括妇女权利的缺失、贿选和不合理的国家预算投入。此外，他还揭露了师资力量匮乏、武装部队成员工资过低以及农民工会不健全等问题。聂鲁达强烈呼吁改善北部矿区和洛塔地区劳工以及全国铁路工人正在遭遇的恶劣状况。另外，他还对国际上的一些基本议题发表了看法，包括"二战"的历史遗留问题，以及秘鲁、玻利维亚、巴拉圭和尼加拉瓜等国新近发生的政治事件。

聂鲁达作为参议员，还关注了文化方面的问题。他关

---

① 引自《阿连德：作为政客，作为个人——一段私密回忆录》第 56 页，厄兹伦·阿尼奇著，圣地亚哥：里尔出版社，2012 年。
② 同上。

心智利与该地区国家之间的文化交往，关注智利女诗人加夫列拉·米斯特拉尔荣获诺贝尔文学奖一事。然而，从1947年10月起，国内局势问题取代了其余一切社会问题，成为智利当前最为紧迫的议题。聂鲁达严厉谴责冈萨雷斯·魏地拉政府奉行的国际政策，并且严正抗议该政府对《世纪报》的不合理审查以及其后的彻底封禁。

虽然只在参议院工作了短短的三年，但某种程度上，聂鲁达在参议院讨论会中所提出的现代化建议，以及40年代末智利共产党的路线方针，都和国际共产主义运动在冷战时期的做法一致，这为四分之一个世纪后阿连德政府的国际政策制定打下了坚实的基础。他曾经在参议院讨论会中参与探讨的巩固国家主权、反帝国主义、反霸权主义、坚持国家中心地位、和平共处原则、拉美协同发展以及忽略意识形态差异建立外交关系等概念，也恰恰是20世纪70年代初智利人民团结联盟政府所奉行的对外政策。

和聂鲁达有所不同，阿连德整整担任了二十七年的国会议员，包括两年的众议员和二十五年的参议员。正如前文所言，1937年5月，阿连德作为众议员开始参与立法工作，1945年到1969年间不间断地担任参议员，1951年到1955年任副议长，1965年到1969年任议长。1945年到

1953年，阿连德任瓦尔迪维亚省、兰奇胡亚省、奇洛埃省、艾森省和麦哲伦省参议员代表。1953年到1961年，阿连德担任聂鲁达曾任职的第一选区（包括塔拉帕卡省和安托法加斯塔省）代表。1961年到1969年，任阿孔卡瓜省和瓦尔帕莱索省代表。1969年到1974年，连任奇洛埃省、艾森省和麦哲伦省代表。

迫害与团结

1947年4月，由于共产党发起和支持的各种活动日益增多，也受到世界范围内两极对抗的影响，冈萨雷斯·魏地拉总统解除了共产党人部长的职务，负责农业、土地、殖民地与劳工事务的诸位部长均在解任名单之列。为了躲开当局的禁令，绕过严酷的政治审查，聂鲁达于1947年10月在国外发表《致千千万万人的公开信》[①]。文中，他措辞激烈地谴责了魏地拉总统对共产党颠倒是非的政策和镇压。自此，智利当局对聂鲁达进行司法审判。得知这一不

---

① 该文章于1947年11月27日刊载于委内瑞拉《国家报》。

利情况后,聂鲁达不得不立刻转入地下活动。这一年的生活,诗人都细腻地记录在了他的作品《诗歌总集》中。1949年3月,聂鲁达离开了祖国。在那封激起当局怒火的信中,聂鲁达指名道姓地提议任命在智利具有威望的参议员萨尔瓦多·阿连德为调查组成员之一,来调查偏激的总统所说的所谓叛乱计划。

鉴于政府的这种态度,《世纪报》于1948年7月正式停刊。同年9月,政府颁布《保卫民主法》,随即开始了对共产党领导人及共产党员的迫害。以聂鲁达为首的共产党参议员极力反对政府的迫害行为。阿连德也与聂鲁达站在一起,公开批判和抵制智利当局的一系列行动。在随后的1950年1月,萨尔瓦多·阿连德同其他三位参议员一道,以聂鲁达身体状况欠佳为由,提交了一项法案授权聂鲁达留在国外一年。

数年后的1959年9月,智利共产党给聂鲁达提供了竞选资格,鼓励他重返议会。在致政治委员会的信中,聂鲁达感谢了"这份关注所象征的无上荣誉",同时也指出议会工作"不合我的天性,我的身体状况也不足以支撑我很好地完成它"。因此,"我发自内心地感到,我必须恳求你们从竞选名单上删除我的名字,另择一位能够更好地完成这项任务的同志"①。20世纪60年代末，聂鲁达被记者问到一生中最大的成就和幸福是什么。诗人沉思片刻，以一种怀念的口吻回答道："我的选举历程，以及我在北方当选参议员。"② 在另一次采访中，谈及曾代表智利共产党，聂鲁达声称"没有比这更大的荣誉了"③。

共同的朋友

在参议院，作为聂鲁达和阿连德之间一条特别的纽带，一位共同好友的存在十分瞩目，他同时也是他们其中一人的亲戚。这人便是参议员鲁德辛多·奥尔特加·马松，他是激进派成员、共济会成员，也是1939年佩德罗·阿吉雷政府时期阿连德班子里的一员，在国家教育部任职。奥尔特加出生在特木科，既是聂鲁达的表兄，又是他的好友。

---

① 引自1959年9月7日聂鲁达写给中共中央政治局的信。见《巴勃罗·聂鲁达全集》第五卷，第1007页，赫尔南·洛约拉编，加拉西亚·古腾堡出版社和读者俱乐部合作出版，2002年。
② 引自路易斯·阿尔贝托·甘德拉特对聂鲁达的采访《人性与诗意的聂鲁达》，1969年4月20日刊载于智利《水星报》，第7页。
③ 引自文章《阿里卡城为聂鲁达欢呼》，1969年4月15日刊载于智利《世纪报》，第5页。

诗人多次向他寻求有关领事事务及其他事务的帮助。1933年初，聂鲁达就曾致信父亲，信中写道，"我工作的岗位面临被取消的风险，请您将这封信转交给塞贡多（鲁德辛多·奥尔特加·马松），拜托他紧急处理一下"①。聂鲁达还曾向外交部部长埃内斯托·巴罗斯·贾帕提交一封正式的抗议信，谴责部门内对他的种种恶意责难以及针对其个人的毁约行为，并直言参议员鲁德辛多·奥尔特加·马松是他的亲戚和好友。②

与聂鲁达的人生经历相仿，奥尔特加·马松曾就读于特木科中学，1920年在智利大学教育学院取得了西班牙语教师资格，日后同样开启了政治生涯。1926年奥尔特加当选为众议员，1940年起担任参议员，与当时同为参议员的聂鲁达和阿连德二人一起推动立法工作的落实，促成多项政治举措的实施。和阿连德一样，奥尔特加极力反对《永久捍卫民主法》，并因此主动退出激进党，成立一支新的党派，称激进主义党。

---

① 引自聂鲁达写给约塞·德尔·卡门·雷耶斯的信。见《给劳拉的信》，雨果·蒙特斯编，马德里：伊比利亚-美洲合作中心西班牙语语言文化出版社，1978年。
② 参见聂鲁达1942年4月22日于墨西哥致以外交部部长埃内斯托·巴罗斯·贾帕的信。见《聂鲁达的旅行纪要（1927—1973）》第177页，亚伯拉罕·克扎达·维尔加拉著，圣地亚哥：里尔出版社，2004年。

在那个时期，诗人、记者和社会党代表马努埃尔·爱德华多·赫布纳也同聂鲁达和阿连德二人关系亲近。马努埃尔与阿连德同为"议会班子"成员，这支由十七位众议员组成的队伍一进入众议院，便享有"神话般的声誉"。在任智利驻墨西哥总领事期间①，聂鲁达始终和马努埃尔保持着通信联系。聂鲁达和阿连德二人的共同好友还包括吉列尔莫·加西亚·伯尔、奥尔特加，以及画家、工程师和自由党众议员卡米洛·莫里。莫里是1950年智利国家艺术奖得主，他的著名创举是提议在选票上用字母 A 标出竞选人的名字，用字母 V 标出表决。这一设计在1964年的选举中初次得到采纳，1970年再次投入使用②。除了以上共同友人之外，作家弗朗西斯科·科隆、鲁本·阿泽卡尔、路易斯·恩里克·德拉诺及其夫人萝拉·法尔孔、诗人尤文西奥·瓦莱和霍梅罗·阿塞、演员兼独奏音乐家伊内斯·莫莲诺，以及歌手卡门·瓦萨洛也都是聂鲁达和阿连德的共同好友。

---

① 参见聂鲁达1942年4月27日于墨西哥致以马努埃尔·爱德华多·赫布纳的未出版信件，保存于智利国家档案馆。
② 引自刊载于智利《国家报》副刊《阿连德面面观》第123页的文章《阿连德的竞选活动与国内外宣传运动：我们终将胜利》。

第四次交会

那么多次,你为我发声,

现在轮到我为你执言。

——萨尔瓦多·阿连德,1969 年

联系这一次交会的是他们共同的政治观点,这主要是源于共产党对总统候选人阿连德的长期支持。虽然共产党创建于 1912 年,而社会党直到 1933 年 4 月才正式诞生,但两个政党都力求代表工人阶级和广大人民群众的利益,实现工人和劳动人民的诉求。但这也导致了两党在工会工作中产生零星的摩擦与冲突,其在反法西斯斗争中的合作与两党之间的政治联系也不再紧密。除了冲突性之外,20 世纪中叶的智利政党,尤其是左翼政党,还具有不断被多样的思潮冲刷的特点。这一特点在智利社会党内部发生的转变中得到了体现,而智利共产党始终奉行联盟政策,其本质为激进主义政党。受到冷战的消极影响，智利共产党成了被迫害对象，不仅从候选名单中被除名，共产党员也遭遇放逐，直到十年后的1958年才得以在法律的支持下重返政治舞台。

智利共产党与社会党的对立在聂鲁达的参议院工作中也得到了体现，聂鲁达通过揭露北方地区一线盐厂工人恶劣的生存状况，影射了智利的社会党人："我坚持认为，工人应该得到更加人道的待遇。我们的工人们正面临着艰难的处境，但他们仍然没有失去对民主的向往，没有对政府、对共产党失去信心。我这样说的一大证据是，在我们举行的每一次会议上，工人们都对'社会党'领导层的恶劣态度表达了厌恶。同样，每场会议中都有数十名前社会党成员选择加入我们的队伍。"[1]

1948年2月，萨尔瓦多·阿连德使用了更加激烈的言语攻击共产党。阿连德向外媒指出，魏地拉政府执政期间，"智利共产党无情地迫害工人、教师和社会党企业员工。我们的社会党领导塔皮亚、阿尔布鲁和奥尔蒂斯等人一度处

---

[1] 引自对聂鲁达的采访《伊利斯办公室付给工人们5、7、10、15比索的工资》，1947年2月26日刊载于智利《世纪报》，第1页。

在岌岌可危的境地"①。不过，40年代末，阿连德和共产党的关系开始改善。一位共产党高层领导日后指出："我与他（阿连德）的关系始终十分融洽，这友谊是建立在我们的坦诚和对彼此的尊重之上的。然而，理所当然的是，我们之间还是存在观念上的矛盾，也并非总能苟同彼此。"②

尽管两党仍在斗争，且共产党人因不断遭到骚扰而只能局限在地下活动，智利共产党仍然忠实地为这位社会党领导人工作。正因如此，阿连德在智利社会党和共产党中均享有盛誉。③ 事实上，除了社会党以及一些别的小党外，真正帮助阿连德在选举中取胜的是"共产党中的那些大人物"④。聂鲁达毫无疑问地在其中发挥了关键作用。随着时间的推移，阿连德的政治思想日臻成熟，他明白了智利政治和社会转型的依据之一，正是维护和加强社会党及共产党在各个领域，尤其是工人阶级领域的团结。"不能团结，

---

① 引自1948年2月25日大使阿连德写给委内瑞拉《国家报》领导的信。
② 这是路易斯·克瓦兰的原话。引自阿连德档案库中的文章《阿连德与共产党人》第1页（网址：http://www.salvador-allende.cl）。
③ 引自《与阿连德在一起的四分之一个世纪》第98页，奥斯瓦尔多·普乔著，圣地亚哥：广播出版社，1985年。
④ 卡门·拉佐在《我的朋友：阿连德总统》中的证词。见《阿连德的世纪》第54页，2008年。

就不可能有革命。"① 阿连德常常如此斩钉截铁地表示。1956年,随着苏联共产党第二十次代表大会召开,这种呼吁团结的风潮大规模地席卷了智利共产党和共产党的支持者们。大会也从全球层面重申了和平共处政策的重要性,从而极大促进了左翼力量的联合及阿连德一直大力推动的社会主义和平(选举)道路的实现。1958年大选及其后几年的总统选举都印证了这一点。

阿连德是如何竞选的?

据知情人透露,最初几次以总统候选人身份走访民间时,阿连德就展现出了独特的个人风格。除了利用参选议员时期积累的经验外,为了达到当选的目的,阿连德总是以一种亲切而开门见山的方式向选民打招呼:"您好,我能进屋说话吗?我是萨尔瓦多·阿连德,由人民选出来的参

---

① 引自《1970—1973年阿连德接受的采访》第182页《智利的〈今日〉周刊对阿连德的采访》。

议员，现在是总统候选人。"① 阿连德会走进村民的屋子，坐下来，向他们解释"什么是他的追求"，他诚恳而谦逊地与他们交谈，语气中透着一股自来熟，又具有老师般的耐心。阿连德总是以"帮助我，也是帮助你们自己"② 作为谈话的结束。他坚信，向选民们阐明他的参选理由十分必要，从这一步开始，他的选举工作渐渐有了起色。阿连德常在工作中说："让群众倾听、让群众理解、让群众思考、向群众解释。"③ 他利用自身精力充沛的优势，走街串巷，每天发表三四次演说。④ 无论是晴、是雨，是严寒、是酷热，每场演说的时长都不低于一个小时。

竞选总统期间，阿连德展现出的毅力、感召力和人格魅力固然不可或缺，需要做的却远不止这么多。从定期出现在新闻媒体宣传执政理念，到组建街头宣传队伍，再到组织能够引起公民兴趣的文艺活动，不一而足。由于缺乏

---

① 引自弗吉尼亚·维达尔 1998 年所作文章《总统阿连德》，刊载于智利《笔记》杂志第 32 期，第 43 页，保存于聂鲁达基金会档案库。
② 引自《与阿连德在一起的四分之一个世纪》第 109 页，奥斯瓦尔多·普乔著，圣地亚哥：广播出版社，1985 年。
③ 同上书，第 72 页。
④ 引自《与卡洛斯·阿尔塔米拉诺的谈话》第 222 页，加布里埃尔·萨拉萨尔著，兰登书屋，2010 年。

长期的资金支持,这位社会党领导人能够获得选票,很大程度上得感谢那些在夜间出动,自发为他张贴海报的志愿者。为此,阿连德专门创办了一所墙绘艺术家培训学院,此外还常常举办戏剧、现代芭蕾和民俗音乐表演活动。阿连德在演讲中鼓励人们踊跃参与"这些创造性的活动"①。诗人们与作家们也纷纷加入助力,其中,聂鲁达起到了举足轻重的作用。由于罹患静脉炎,聂鲁达无法长期参加竞选活动,但他积极参加候选人演说,并同作家和知识分子们合作,鼎力支持阿连德竞选。这不仅仅是出于对选举的支持,还有着和他的本职工作息息相关的客观原因。聂鲁达对这些活动怀有满腔热情,因为他深知,当一个国家还处在扫盲阶段的时候,诗歌是没有办法推广的②。

在那些年的选举活动中,聂鲁达始终如手足般陪伴在阿连德左右。据奥顿希娅·布希回忆,阿连德来到民间拉票时,聂鲁达常常会在他发言之前说上几句,不过他不爱谈论政治议题,而更愿意"朗诵诗歌,引起人们的共鸣"。

---

① 引自《与阿连德在一起的四分之一个世纪》第 145 页,奥斯瓦尔多·普乔著,圣地亚哥:广播出版社,1985 年。
② 同上。一则来自《圣地亚哥晨报》的采访中写道,六十岁生日前夕,聂鲁达"在圣地亚哥的各个街区举办了诗歌朗诵会,看上去十分兴奋"。参见智利《世纪报》1964 年 7 月 12 日第 2 版对聂鲁达的采访《写诗于我,如闻如听》。

舞台前，诗人用他混合着浓浓鼻音的、从容不迫的声音诵读，那情景令人难忘[1]。聂鲁达不仅会朗读自己的诗，还会朗读其他智利作家的作品，这样做引起了很大的反响。阿连德日后回忆起聂鲁达的支持，主动承认道："人们的情感被诗人唤起，这对我的选举大有裨益，那些诗句流进了智利人民的心中，潜入了他们脑海之中。"[2] 一个看到这些情景的人认为，聂鲁达的诗意表达和阿连德的演讲话语两相结合，无疑令当时的左翼阵营发起动员时使用的"政治话语"[3] 焕然一新。

在这二十多年的竞选活动中，随着竞选手段的多样化，人们支持阿连德的热情在全国范围内不断高涨。1958年和1964年，阿连德团队在继续原有的策略外，采取了新的宣传手段，比如在1958年大选中应用的"胜利号"火车。阿连德和随行人员搭乘租来的火车环行了两千多公里，从圣地亚哥站出发，途径蒙特港，最后又返回圣地亚哥站。沿

---

[1] 引自罗丝·玛丽·格拉普2003年所作文章《怀念聂鲁达：奥顿希娅·布希·德·阿连德讲述丈夫阿连德与诗人的友谊》，刊载于智利《笔记》杂志第54期，第6页。

[2] 引自阿连德1971年11月的演讲，刊载于智利天主教大学文学院旗下杂志《文学工作室》第2期，第117页。

[3] 引自弗吉尼亚·维达尔1998年所作文章《总统阿连德》，刊载于智利《笔记》杂志第32期，第42页。

线的每一个站台，阿连德都"走下火车，向人们打招呼，并同他们交谈"。人们从山上来，在沿途守候。到了晚上，他们燃起盛大的篝火①。不到二十天的时间里，阿连德在火车经过的城市和村镇中发表了超过一百四十八场演讲。

借鉴这次虽辛苦但卓有成效的宣传的经验，1961年议会选举中，阿连德团队根据选举场地的地形进行了改良，选取了更为合适的交通工具——大巴，同样将其命名为"胜利号"。这是一辆租来的大客车，专供阿连德团队使用，阿连德乘坐它，走过了瓦尔帕莱索省与阿孔卡瓜省所有的市镇和乡村。大巴里时刻准备着一台可播放16毫米胶片电影的放映机和"一张卷好的巨型幕布"②，以便随时随地投入使用。会上放映的有声电影极大地激发了观众的兴趣，其中也包括潜在的选民。如何募集竞选资金向来是一项难题，通常情况下，资金来源是竞选人的朋友和其他个人的捐款或贷款，有时资金也会来自社会党员及社会党支持者在全国各地举办的资金募集活动。

---

① 引自《与阿连德在一起的四分之一个世纪》第74页，奥斯瓦尔多·普乔著，圣地亚哥：广播出版社，1985年。
② 引自《阿连德：作为政客，作为个人——一段私密回忆录》第84页，厄兹伦·阿尼奇著，圣地亚哥：里尔出版社，2012年。

第四次也是最后一次选举活动中,阿连德团队投入了更多资金,付出了双倍的心力。这次宣传活动中最鲜明的元素是标语墙,由来自全国各地的年轻的共产主义者组成的墙绘艺术家队伍"拉蒙娜·帕拉小队"完成。他们将艺术带上街头,没有留下一面空墙。"最开始,我们用的是石灰,"队伍中的一位青年回忆道,"我们把石灰用仙人掌块渗出的汁液浸湿,这样它更容易在墙面上色。然后我们往油漆罐里头撒尿,帮助石灰结晶。为了不被人察觉,画完后,我们把油漆罐留在路灯柱上。只消三十秒,我们就能绘制出一条标语。"①

在以上四次选举中,聂鲁达至少有三次见证了这位社会党参议员竞选的全程。他这样回忆当时的情景:阿连德"有着丘吉尔才具有的本领:只要想睡就能睡着。当汽车驶过智利北部无尽的荒凉土地,阿连德窝在车的角落里睡得很香。路的尽头突然出现了一个小红点,当他们靠近时,发现是一二十位男子和他们的妻小举着旗帜。于是,车停了下来。阿连德揉了揉眼睛以适应直射的阳光,看着那支唱着歌的队伍。他很快便加入了这支队伍,同他们一起高

---

① 语出"拉蒙娜·帕拉小队"创始人亚历杭德罗·莫诺·冈萨雷斯。见智利《国家报》副刊《阿连德面面观》第123页。

唱国歌。阿连德精力充沛，滔滔不绝地与他们交谈。结束以后回到车上，阿连德很快又进入梦乡。这般场景每二十五分钟重复一次：小队、旗帜、国歌、演讲、睡觉。他不断改变所使用的交通工具，到各处竞选，包括汽车、火车、飞机、船只，甚至是马。途中不断遇到由成千上万的人组成的游行队伍。阿连德毫不犹豫地完成了那几个月疲惫不堪的工作，他的随行人员却几乎没有不感到劳累的。后来，他当选总统后，他那不可思议的工作强度，使得身边的工作人员四五次心脏病发作"①。

1952 年大选

1952 年，总统候选人卡洛斯·伊瓦涅斯·德尔·坎波获得了人民社会党的支持，自此之后，参议员阿连德开始在政治领域显现出大胆反叛的倾向，在一小群社会主义者（智利社会党）的支持下，他决定参加那一年的总统选举。阿连德参选的决定由"祖国阵线"代为正式宣布，这是一

---

① 引自《我坦言我曾历尽沧桑》第 461 页，巴勃罗·聂鲁达著，巴塞罗那：塞依斯·巴拉尔出版社，1985 年。

个由（在当时还是非法的）共产党、几支小的民主党和工党共同组成的联盟。由于接受了共产党的帮助，阿连德暂时被驱逐出了人民社会党的多数党群体。

在这一背景下，聂鲁达即将回国是众人翘首以盼的，但这些人的目的是不一样的：共产党人希望借此机会来对抗仍在有效期的《保卫民主法》；阿连德团队则希望聂鲁达的归来能为阿连德多舛的参选活动注入活力；对于另外两位总统候选人佩德罗·恩里克·阿方索（激进党人）和阿图罗·马蒂·拉雷恩（自由党人）而言，聂鲁达的归国意义非凡，因为"只要有利于减少伊瓦涅斯的选票、增加阿连德的选票，对他们就是有益的"[1]。然而，对于那年8月回到祖国的聂鲁达来说，他的目的明确而坚定。在采访中[2]，诗人声称，他将全力支持人民的总统候选人，也就是萨尔瓦多·阿连德，就像当年他支持第一批激进党候选人一样。

对于阿连德的参选，人们的兴趣并不大，而且还有两

---

[1] 引自伊瓦涅斯将军1987年9月3日致人民团结联盟的信件资料。见智利杂志《国际新闻社》增刊，第7页。
[2] 引自伦卡·弗朗努利奇1997年所作文章《聂鲁达流亡归来》，刊载于《笔记》杂志第31期，第6页。

大难题：一是共产党在当时仍是非法的，二是他缺乏资金开展如此大规模的竞选活动，他的团队必须动用聪明才智才能解决这个问题。他们的第一步是设计巧妙的竞选标语，诸如"再穷的人也不会去盗窃铜"①；第二步是讲述聂鲁达的凄惨处境以引起人们的关注，因为一个有共产党支持的强大盟友对于阿连德的竞选是至关重要的。阿连德的支持者们开始在游行和集会中呼喊"为了和平，为了文学，为了聂鲁达的自由"②的口号。当遭遇客观存在的困难，比如无法燃起选民的热情时，阿连德常俏皮地对他的朋友们说："我是个好候选人，哪怕没有选票，我也要坚持下去。"③

为了推进彼此的合作，共产党领导层全力支持阿连德团队竞选，他们是参议员伊利亚·拉菲尔特、秘书长沃洛迪亚·泰特尔博伊姆和女性领导人胡丽叶塔·坎普萨诺。作为阿连德团队中年轻血液的代表，社会党人何塞·托哈·冈萨雷斯脱颖而出。他是一个瘦高而开朗的青年学生，

---

① 智利是盛产铜的国家，铜矿工人非常多，这个口号的目的是要获取铜矿工人的选票。——译者注
② 引自智利《国家报》副刊《阿连德面面观》第 121 页，何塞·米格尔·瓦拉斯作。
③ 引自伊瓦涅斯将军致以人民团结联盟的信件资料。见智利杂志《国际新闻社》增刊，第 3 页。

于1950年至1951年担任学生联盟主席,并在全国有影响力。为学联工作时,何塞曾带头反对魏地拉政府,积极参与游行示威,抗议公共交通费用的上涨。后来他还参加声援危地马拉人民抗议美国政府干预其内政的行动。

阿连德的竞选演讲面向智利的工农商阶级,他的足迹遍及全国各大主要城市。经过他的努力,他得到了5%的选票,也就是说,他得到了52348张选票。最后胜出的卡洛斯·伊瓦涅斯·德尔·坎波以46.8%的得票率高票当选。也正是在那一年,智利女性群体首次取得投票权,她们大多将选票投给了卡洛斯·伊瓦涅斯。出乎意料的是,面对结果,阿连德并未显露出沮丧的情绪,反而在参议院公开声明,他所获得的这5%的选票"已然是一种真正的胜利……因为它证明,一部分人已经清醒地意识到,他们要为未来投票,要为一个理想,为一个纲领去投票"①。后来,阿连德曾表示,他只愿意谈论他的三次选举经历,因为在他看来,1952年的那次竞选"纯粹是向国旗的致敬"②。一位智利共

---

① 引自克瓦兰·路易斯回忆录《生活与战斗》第123页,圣地亚哥:罗姆出版社,1997年。
② 引自《埃尔西利亚》杂志1970年8月5日至11日的采访《候选人阿连德》。见《萨尔瓦多·阿连德:1908年至1973年的政治生活与议会工作》第285页,大卫·巴斯克斯总编,圣地亚哥:国会图书馆出版社,2008年。

产党领袖评价道,从某种程度上来说,这次失败的尝试不可或缺,因为它"推进了某些原则的确立,随着时间的推移,这些原则最终成了革命的需要、群众的选择"①。

1958 年大选

阿连德参加的这次总统选举表明了左翼力量的联合。这是建立在共产党人与社会党人的彼此理解之上的联合。阿连德坚定不移地捍卫了自己的这一立场,正如人们所知的那样,该立场一直保持到了他生命的最后一刻②。社会党各方力量的统一,以及刚刚获得合法身份的共产党人的充分理解,为人民行动阵线(FRAP)注入了活力,也为阿连德的竞选带来了希望。

1958 年 5 月,共产党同意推举阿连德作为总统候选人,但与此同时提出了条件,要求阿连德方起草一份纲领,且纲领的完成必须依仗人民的力量,除了中产阶级学者和

---

① 引自克瓦兰·路易斯回忆录《生活与战斗》第 55 页,圣地亚哥:罗姆出版社,1997 年。
② 同上书,第 123 页。

技术人员以外，还要尽可能多地团结一切可以团结的群众。在马克斯·诺尔夫（经济学家和阿连德的合作伙伴）、萨洛曼·科尔巴兰（社会党秘书长）、海梅·巴罗斯（共产党众议员）、奥兰多·米拉斯（共产党众议员）和沃洛迪亚的协助下，纲领最终由阿连德亲自起草，并具备如下四个要点：土地改革，铜、铁、盐和碘国有化，银行业国有化，以及经济领域的革新。聂鲁达也全力投身其中，负责宣传工作。"与聂鲁达工作令人愉快，"一位当时参与宣传任务的工作人员回忆道，"阿连德一直支持我们宣传委员会的工作，他对我们的工作表现出浓厚的兴趣和批判精神。"[1]

在本次大选中，何塞继续负责一系列的政治事务。何塞的遗孀回忆道："阿连德让人找到正在参加聚会的何塞，向他下达最新任务，比如准备报告，组织演讲，陪同他参加一次政治会议或是选举会议。从那时起我就常常看到何塞参与到一连串紧锣密鼓的政治工作中。"[2] 作为何塞夫妇证婚人的阿连德不止一次地这样描述何塞："我像喜爱自己

---

[1] 引自《与阿连德在一起的四分之一个世纪》第80页，奥斯瓦尔多·普乔著，圣地亚哥：广播出版社，1985年。

[2] 引自阿连德档案库中的文章《阿连德和托哈》第3页（网址 http://www.salvador-allende.cl）。这是莫伊·德·托哈（何塞的遗孀——译者注）的原话。

的儿子一样喜爱这个瘦高的年轻人，甚至希望他能做我的女婿。我有三个女儿，每一个都很漂亮。我对何塞说，你尽可以挑选一位结婚，不过他并未理会我。"① 何塞常常在这方面显得害羞和无所适从，只是保持着一贯的沉默，或赧然微笑着。何塞忠实地陪伴在竞选人阿连德左右，成为他最值得信赖的助手之一，"人们都认为，何塞是'卷发'② 阿连德的继承人，尽管他们只有十一岁的年龄差"③。在后来的人民团结联盟政府时期，已是国家元首的阿连德将何塞任命为国家内政部长。当反对派以违宪为由指控何塞时，阿连德不惜政治代价坚持将何塞留在部长职位上。他把何塞仅仅调换了部门，让何塞担任国防部长。

　　沿用第一次参选的策略，阿连德团队继续寻求低经济成本、高社会影响的方案，主角阿连德也为此加倍努力，巧用文化元素为宣传活动增色添彩。聂鲁达凭借自己的声望为阿连德四处奔走，使得竞选宣传充满了吸引力。一些当时的影像记录下了该过程：在聂鲁达的妻子玛蒂尔德·

---

① 引自阿连德档案库中的文章《阿连德在选举中》第3页，奥斯瓦尔多·阿里亚斯作。
② 阿连德广为人知的昵称。
③ 引自《阿连德：作为政客，作为个人——一段私密回忆录》第72页，厄兹伦·阿尼奇著，圣地亚哥：里尔出版社，2012年。

乌鲁蒂亚的陪伴下，聂鲁达和阿连德两人共同参与到游行和集会当中①，他们高声呼喊竞选口号，并齐唱智利的经典小调来活跃气氛。为了在宣传上更进一步，阿连德团队组建了具有政治色彩的大学生队伍，注重吸纳建筑和美术系学子，尤其是擅长绘制宣传海报的学生。与此同时，团队还召集了一批能够率领大规模游行队伍的艺术家。"将最优秀的艺术提供给人民的决定，是左翼阵营独具匠心的创新，"一位知情人评价道，"这一运动发端于阿连德的首次总统竞选，并在多年后'文化号'列车的全国巡回中达到顶峰——列车满载着智利最负盛名的音乐家和哑剧、喜剧表演艺术家，从中央车站出发，经过城镇、村庄、矿区，最后抵达蒙特港。"②

1958 年 8 月 8 日，阿连德在巴克达诺剧院发表宣言，聂鲁达做了如下一段简短而动情的补充，以表达对好友的支持："与阿连德在一起，我们将拥有美好的过去、最好的

---

① 可参见玛蒂尔德·乌鲁蒂亚参与阿连德竞选活动的照片（代码：FB-01607 和 FB-01605），现保存于聂鲁达基金会 1970 年所建影像资料馆。
② 引自弗吉尼亚·维达尔 1998 年所作文章《总统阿连德》，刊载于《笔记》杂志第 32 期，第 45 页。

现在和更美好的将来。"① 与1952年大选不同，1958年的这次选举获得了阿连德所展望的成功，且涵盖了各个方面。访问"巴黎"家具店时，阿连德对店内的工人说："我要派人造一把崭新的'总统椅'，好让我带到拉莫内达宫去。"② 在阿连德的幽默之中不乏几分真心。

在该次选举的最后，右翼候选人豪尔赫·亚历山德里以31.2%的得票率获胜。阿连德紧随其后，其得票率为28.5%。然而阿连德本人对于这个结果并不满意，他将失败归咎于独立选举人、民众主义者安东尼奥·萨莫拉诺的出现。安东尼奥总共赢得了41244张选票，占总数的3.3%，可以想见，假如获得了这部分民众的支持，阿连德便能够在选举中胜出。以如此微弱的差距败北，而且，再一次地未能获得女性选民的拥护，令阿连德不禁感叹："这简直是生活里的讽刺，（在选举中）女人们打败了我，在家里，女人们管束着我。"③

---

① 引自智利《国家报》副刊《阿连德面面观》第61页，沃洛迪亚·泰特尔博伊姆所著《聂鲁达传》第362页同样有所提及。
② 引自伊瓦涅斯将军致以人民团结联盟的信件资料。见智利杂志《国际新闻社》增刊，第14页。
③ 引自《埃尔西利亚》杂志1970年8月5日至11日的采访《候选人阿连德》。见《萨尔瓦多·阿连德：1908年至1973年的政治生活与议会工作》第286页，大卫·巴斯克斯总编，圣地亚哥：国会图书馆出版社，2008年。

这一次失败并未令聂鲁达灰心,他重振精神,为下一次选举加倍努力。1963年9月,4月份的市政选举结果公布,基督教民主党斩获22.8%的选票,位列第一,与激进党赢得的选票共占总数的53%。左翼政党聚集的人民阵线则仅仅获得了29.8%的选票。第二年的总统选举在即,这个结果对于左翼党派明显极为不利。为了力挽狂澜,聂鲁达颇具个人风格地参与其中,根据时代背景创作了节奏明快的散文诗《震怒之日》[1],印在传单上四处分发,匿名指责基督教民主党成员可笑无能,竟不能在建立瓦尔帕莱索市政府的问题上达成一致。

聂鲁达为无数的政治活动做出了卓越的贡献,这首实用性散文诗仅为其中之一。除了《震怒之日》外,他于1964年创作的《人民之诗》和1966年创作的《给圣多明各的诗》都是诗人积极参与政治的体现,他不仅亲身投入民间活动之中,还专门为游击队创作文章。这些文字将聂鲁达的诗人本质展露无遗,从标题就能看出,聂鲁达始终坚持以诗的方式记录下大大小小的政治事件。[2]

---

[1] 《震怒之日》原件保存于国家档案馆,标题取自13世纪的拉丁语诗歌,方济各修士托马斯·德·塞拉诺作。

[2] 参见《巴勃罗·聂鲁达全集》第五卷,第1007页,赫尔南·洛约拉编,加拉西亚·古腾堡出版社和读者俱乐部合作出版,2002年。

1964年大选,阿连德在巴塔哥尼亚

阿连德第三次被推举为左翼领导人,与人民行动阵线展开合作。他的此次任命并非偶然,而是多方共同作用的结果。首先,基于多年来议会工作与选举活动中积累下的群众基础,阿连德再一次当仁不让地成为左翼总统候选人。1958年轰轰烈烈的政治运动中,阿连德展现了无出其右的领袖风范,几乎在当年成了智利的首席大法官。从那时以来,他便一直维持着良好的公共形象。1961年的瓦尔帕莱索和阿孔卡瓜省参议员选举中①,阿连德强大的吸引选票的能力得到了绝佳的印证,尽管有一些反对声,他还是成功当选。最新的市政选举中,人民行动阵线取得了可观的选票。阿连德当时的私人秘书回忆道:"那时的智利左翼阵

---

① 1961年议会选举临近,阿连德在一众社会党领导人的要求下,做出了政治生涯中最冒险的决定之一:竞选第三选区(瓦尔帕莱索和阿孔卡瓜省)参议员。该选区中共产党实力雄厚,众议员海梅·巴罗斯·佩雷斯-科塔普斯已然争取到了约1.6万张选票,而社会党只有不到5000张,两者间的选票差距达到了1万张以上。这个任务对于阿连德而言可谓不艰巨,他与四位社会党候选人一起,踏遍了两省的每一座山头、每一户人家。见刊载于智利《国家报》副刊《阿连德面面观》第38页的文章《六十年代:推翻政府,建立社会主义路线(1958—1960)》。

营中，阿连德的条件无人能及。"① 阿连德也并未故作谦虚，他不止一次地承认，自己的当选是当时"现实的选择"②，与种种政治事件密不可分。

和1958年相比，1964年大选的情况在国家和国际层面上都发生了不小的变化。一方面，古巴革命胜利；另一方面，美苏冷战引起的不信任情绪仍在持续和加深。聂鲁达和阿连德二人始终密切关注着加勒比地区的革命进程，为卡斯特罗的胜利表示庆贺，并多次前往古巴实地观察"马埃斯特拉山的大胡子们"③给这片土地带来的变化。1959年1月，阿连德第一次到访古巴，并与切·格瓦拉、菲德尔·卡斯特罗二人会面，这次经历"令他惊叹"。1月底，聂鲁达在古巴驻加拉加斯大使馆会见了菲德尔·卡斯特罗。诗人当时正在计划写作一部关于波多黎各和该国"殖民地的苦难情形"的书，然而古巴新近发生的一系列事

---

① 引自《阿连德：作为政客，作为个人——一段私密回忆录》第123页，厄兹伦·阿尼奇著，圣地亚哥：里尔出版社，2012年。
② 引自安德烈斯·克鲁兹·阿乔纳的访谈《阿连德的沉默是在说些什么?》，1967年7月刊载于《七天》杂志。见《萨尔瓦多·阿连德：1908年至1973年的政治生活与议会工作》第281页，大卫·巴斯克斯总编，圣地亚哥：国会图书馆出版社，2008年。
③ 古巴革命发源地马埃斯特拉山参与起义的游击队员留着大胡子。——译者注

件促使他立即中断手头的工作,转而开始写作《丰功伟绩的赞歌》,以示对古巴革命的声援。《丰功伟绩的赞歌》由美洲之家出版社在哈瓦那出版,初版印量就达到了25000册。或许正是由于国际事件频发,1964年的政治局面变得"更严肃,更意识形态化,也更复杂,不像过去那样有着狂欢般的氛围"①。

鉴于这些情况,阿连德1964年的竞选计划比起六年前显得更加激进,他在1970年则完全具备了革命性的特质。阿连德的一名亲信表示,这种演变是逐渐发生的,"直到1960年左右,阿连德都是一位传统的政治家和坚定的社会民主主义者;但后来,他的思想开始发生转变,变得日益激进化,他从未如此怀疑过智利的民主"。②

如同前几次竞选一样,竞选中吵吵嚷嚷。竞选的人会提出五花八门的"全球计划"③,试图解决国家问题和满足社会需求。阿连德提出的纲领是要遏制智利的资本主义,远离基督教民主党的所谓"自由革命"道路;这与另一位

---

① 引自伊瓦涅斯将军致以人民团结联盟的信件资料。见智利杂志《国际新闻社》增刊,第19页。
② 引自《与卡洛斯·阿尔塔米拉诺的谈话》第245页,加布里埃尔·萨拉萨尔著,兰登书屋,2010年。
③ 引自《19—20世纪智利的国家概念》第280页,智利大学生出版社。这是马里奥·贡戈拉于2003年提出的有关20世纪智利政治理论的框架。

候选人胡利奥·杜兰提出的纲领截然相反。尽管阿连德团队在选举中倍加努力，1964年3月15日于库里科省举行的议会补充选举结果却显示，右翼势力由于发觉选举中左翼力量有所增加，决定大力支持基督教民主党候选人爱德华多·弗雷·蒙塔尔瓦。因此，阿连德的优势不再，这一出人意料的局面被称为"橙色之变局"。蒙塔尔瓦最后以56.09%的得票率胜出。阿连德则再一次屈居第二，其得票数仅占总数的38.92%。正因如此，这件事"有意无意间，成了阿连德第三次选举败北的决定性因素"①。

一位社会党成员这样评价阿连德的政治决心，他回忆道，"选举失败第二天，阿连德上午10点就来到了位于首都希腊大道的埃克奎尔·冈萨雷斯·科尔特斯社区，我们在那儿建了一个小广场，里面有一个舞台。没有任何通知，阿连德直接来到了我住的街区，来到了居民们志愿搭建的小广场上。我们看到他时十分激动，但他什么也没说，似乎在告诉我们：我们要继续向前"②。

---

① 引自《阿连德：作为政客，作为个人——一段私密回忆录》第142页，厄兹伦·阿尼奇著，圣地亚哥：里尔出版社，2012年。
② 引自刊载于智利《国家报》副刊《阿连德面面观》第91页的文章《我们需要完成未竟的事业，我们需要阿连德》，米雷娅·巴尔特拉作。

第五次交会

诗人和政治家

20世纪50年代,当萨尔瓦多·阿连德决定第一次参与总统竞选时,恰逢诗人离开智利三年后的首次回国。他们之间的关系已经超越政治和党派。两人之间的关系随着时间的推移变得日益紧密:他们相互拜访,一同参加活动,在政治上相互交流与支持,等等。

"卷发"阿连德

20世纪50年代初期,阿连德44岁,是一位知名的参议员和社会党左派的杰出领导人。社会党左派经历了一系列的挫折,但阿连德一直与当时仍处于非法状态的共产党关系密切。他的一个朋友还记得他那时的情景,说他像年轻人、像一名出色的田径运动员那样精力充沛,"他难以置信地努力工作,每天只睡不到四个小时,从来没有在凌晨2点之前上床睡觉过。他下棋,早上7点之前他已经在给人打电话了"①。他的生命能量"令人难以置信,他是一个拥有巨大力量的人"②。人们觉得他就是个传奇,尽管他不知疲倦地研究医学,同时还在工会工作,还参与政治和共济会活动,他仍能抽出时间锻炼身体,还一度成为"大学拳击冠军"③。

在第一次接触中,阿连德看起来傲慢且不近人情,然而聂鲁达说,"我对阿连德很熟悉,并且他也没有多神秘"④。其余人回忆起阿连德时,则认为他是一个满怀理想的人,"他富有同情心……在他的私人生活中,和朋友在一

---

① 引自埃尔南·桑达·克鲁斯回忆录《阿连德:朋友》,萨尔瓦多·阿连德档案库,1988年,第3页(网址:http://www.salvador-allende.cl)。
② 引自《阿连德:作为政客,作为个人——一段私密回忆录》第45—46页,厄兹伦·阿尼奇著,圣地亚哥:里尔出版社,2012年。
③ 同上书,第24页。
④ 引自《我坦言我曾历尽沧桑》第468页,巴勃罗·聂鲁达著,巴塞罗那:塞依斯·巴拉尔出版社,1985年。

起的时候,他为人简单,并且很有幽默感。这种性格乍看一点都没有个性,但这不是问题。他从瓦尔帕莱索来到智利的中心生活,作为一名社会党人,他不想被人小看,他也很自信"①。他成为总统候选人后,人们很多次都被他的幽默和激情所吸引,他经常评判其他党派的候选人:"我将用瓦格纳的音乐和丝绸带子把我的资产阶级的对手们悬挂起来。"②

阿连德的政治工作,以及他对医学和工会工作的关注,让他同时代的人都认为他是"什么都关注的总统"③,他也因此"随时保持专注、严肃和沉稳"④。他的一位密友回忆说,"他是一位十分投入的精明的政治家"⑤。虽然从整体而言,"阿连德有着鲜明的个性和敏锐的观察力,他不会轻

---

① 引自埃尔南·桑达·克鲁斯回忆录《阿连德:朋友》,萨尔瓦多·阿连德档案库,1988年,第2页(网址:http://www.salvador-allende.cl)。
② 引自文章《一位年轻的民主党人……一位年轻的资产阶级……一位年轻的社会党人》第5页。
③ 引自《参议院和45名参议员》第96页,欧亨尼奥·里拉·马西著,圣地亚哥:鸭嘴兽出版社。
④ 同上。
⑤ 引自2003年发表在智利午报《第二报》副刊《阿连德Ⅰ》第8页的文章《如果萨尔瓦多·阿连德能与特区政府达成共识,智利的面貌会发生变化》。

易做出决定"①,但从细枝末节中可以看到,"他不是一个空话连篇的人,而是注重实际、提出相应的社会举措和筹划发展的人"②。一位政治对手强调,他"热衷于民主,喜好辩论,对自己的想法充满信心,是一个演说家。他喜欢和每个人都成为朋友,他还是一名多元主义者"③。在20世纪70年代中期,当他被问到在一个没有政治的世界里他会做什么的时候,他毫不犹豫地回答道,"我会创造政治"④。出于这个原因,他整体个性中最具特色的是"一名伟大的思想播种者"⑤,这是由某些"神话价值观"⑥所引导的。虽然他意识到这是"没有革命理论的革命行动",但他认为自己会是一个马上采取行动的人。"在学生时代,"

---

① 引自克瓦兰·路易斯回忆录《生活与战斗》第117页,圣地亚哥:罗姆出版社,1997年。
② 引自《沉默的诗句:温尼伯援救行动对萨尔瓦多·阿连德政治和社会工作建设的贡献》第135页,大卫·杜克·希克著,圣地亚哥:圣马利诺出版社,2011年。
③ 引自2003年8月1日发表在智利午报《第二报》副刊《阿连德Ⅰ》第11页的文章《我与邻居存在重大分歧》。
④ 引自《埃尔西利亚》杂志1970年8月5日至11日的采访《候选人阿连德》。见《萨尔瓦多·阿连德:1908年至1973年的政治生活与会议工作》,大卫·巴斯克斯总编,圣地亚哥:国会图书馆出版社,2008年。
⑤ 引自《生活与战斗》第123页,路易斯·科瓦隆著,圣地亚哥:罗姆出版社,1997年。
⑥ 引自《与卡洛斯·阿尔塔米拉诺的谈话》第18页,加布里埃尔·萨拉萨尔著,兰登书屋,2010年。

有一次他回忆道,"我的第一次挫折教会了我很多。"① 一个政治对手将阿连德与爱德华多·弗雷·蒙塔尔瓦做比较,他强调"爱德华多博览群书,且向我们展示了他的所得,(阿连德则与此相反)他读得很少,但他喜欢交谈"②。另一个证据显示,"他从来也不爱好文学,也不喜欢谈论文学"③。

一位友人评价并补充说,虽然他不是一个喜欢阅读经济或政治书籍的人,但"他是一个好的读者,他喜欢读侦探小说。他还喜欢读科幻小说,最喜欢的作家之一是艾萨克·阿西莫夫。他也读艾瑞克·弗洛姆。我时常看到他阅读马克思主义理论的经典著作。矛盾的是,在他的床头柜上经常摆放着《圣经》。我经常看到他在'侦探小说图书馆'中寻找书籍,这是一个隐匿于市中心、藏书丰富的图书馆,由他的朋友马努埃尔·曼杜哈诺·纳瓦罗建立"④。

---

① 引自《1970—1973年阿连德接受的采访》第27页《雷吉斯·德布雷对萨尔瓦多·阿连德的采访》。
② 引自《梦与记忆》第245页,加布里埃尔·巴尔德斯著,圣地亚哥:金牛出版社,2009年。
③ 语出埃尔南·桑达·克鲁斯在《阿连德:朋友》第2页中的证词。这与阿连德的朋友提出的观点是一致的。见《与卡洛斯·阿尔塔米拉诺的谈话》第235页,加布里埃尔·萨拉萨尔著,兰登书屋,2010年。
④ 引自《阿连德:作为政客,作为个人——一段私密回忆录》第67页,厄兹伦·阿尼奇著,圣地亚哥:里尔出版社,2012年。

聂鲁达有着同样的爱好,他是公认的侦探小说的狂热爱好者。

阿连德在政治上的实践和他的阅读都为日后的工作打下了坚实的基础。我们从他发表的文章中,从他的谈话和精彩的演讲中都可以看出来,因为他明白这就是"马克思主义者面对生活的方式"①。1970年,决定性选举的前几周,在记者的追问下,他迅速而略带调皮地回应哪本书对他的生活产生了巨大影响:"识字课本"②。

除了阅读、有意识的政治准备,以及作为政治家的能力之外,政治抱负使阿连德成为"一名出色的即兴创作者,一个善于观察他人的捕手,但他也是一个好虚荣的人",有人补充说,他还是"来自政治商店的推销员"③。一位支持者称,是他的"麦克风般的声音和战斗姿势"④ 吸引了人

---

① 引自《与阿连德在一起的四分之一个世纪》第121页,奥斯瓦尔多·普乔著,圣地亚哥:广播出版社,1985年。
② 引自《埃尔西利亚》杂志1970年8月5日至11日的采访《候选人阿连德》。见《萨尔瓦多·阿连德:1908年至1973年的政治生活与议会工作》第289页,大卫·巴斯克斯总编,圣地亚哥:国会图书馆出版社,2008年。
③ 引自刊载于智利《国家报》副刊《阿连德面面观》第289页的文章《我是枪支管制法的立法者》。
④ 引自《何塞·米格尔·瓦拉斯对阿连德的采访》。见《1970—1973年阿连德接受的采访》第31页,爱德华多·古特雷斯著,圣地亚哥:罗姆出版社,2009年。

们的注意。阿连德的私人秘书说,"当我在50年代遇到阿连德时,他的人格,他的个性,他的逻辑,他的思想和道德力量给我留下了深刻的印象"①。"我想,"他补充道,"他开口的瞬间就迷住了我。他有一流的口才。他提出了我闻所未闻的东西,就像老师的精彩讲解。他虽读书不多,但他能即兴发挥。"②

与他的左派作风截然相反,阿连德喜欢"细致地搭配服装,品尝美酒和佳肴"③。这两者是他一生中始终如一的精致的体现。比阿连德年轻几岁的奥古斯特·皮诺切特④想起他曾在瓦尔帕莱索看到过他,并且听到"众人都在喊:是阿连德!年轻优雅,身披骆驼皮大衣,戴着长围巾和帽子"⑤。他的政坛对手和党内批评他的人则当面指责他"穿

---

① 引自《与阿连德在一起的四分之一个世纪》第15页,奥斯瓦尔多·普乔著,圣地亚哥:广播出版社,1985年。
② 引自《阿连德:作为政客,作为个人——一段私密回忆录》第28页,厄兹伦·阿尼奇著,圣地亚哥:里尔出版社,2012年。
③ 引自《与卡洛斯·阿尔塔米拉诺的谈话》第245页,加布里埃尔·萨拉萨尔著,兰登书屋,2010年。
④ 奥古斯特·皮诺切特(Augusto Pinochet,1915—2006),智利政治家、军人,曾任智利总统和陆军总司令。就是他于1973年9月11日发动武装政变,推翻了阿连德的民主合法政府。——译者注
⑤ 引自2003年8月8日发表在智利午报《第二报》副刊《阿连德Ⅱ》第5页的文章《一位年轻的民主党人……一位年轻的资产阶级……一位年轻的社会党人》。

着奢华,背叛了自己的阶级"。智利社会的保守派人士认为他"是他们中的一员",但是个叛徒。然而,对于他的朋友们来说"他是中产阶级中的一员"①。阿连德有着富裕的城市人的形象,不过他的私人秘书作证说,虽然他看起来经济状况良好,"但在竞选中他的资金缺口非常大"②。

阿连德喜欢与聂鲁达一起品尝"食物和饮品"。"他可以享受他所喜爱的牡蛎和青蛙腿,但他并没有剥夺自己享受美味家常菜的权利,比如大量的牛肉和火鸡砂锅。此外,阿连德是肉类和大米的狂热爱好者。"③ 他自己说过,他去过几次阿拉贡海湾的瓦尔帕莱索,从来不曾错过"疯狂的劳尔鱼群"④。品尝这些令人一见倾心的料理时,巴勃罗·聂鲁达经常在旁陪伴着他。在给豪尔赫·爱德华兹的一封信中,诗人证实了他曾与阿连德共进晚餐:

> 晚餐是这样的:奶酪配橄榄,刺海胆配新鲜的大蜘蛛蟹,油煎海鳗或海鲜肉菜饭配海鳗和虾,里脊肉

---

① 引自智利《国家报》副刊《阿连德面面观》第45页。
② 引自《阿连德:作为政客,作为个人——一段私密回忆录》第133页,厄兹伦·阿尼奇著,圣地亚哥:里尔出版社,2012年。
③ 引自智利《国家报》副刊《阿连德面面观》第46页。
④ 引自智利《国家报》副刊《阿连德面面观》第11页。

配土豆泥、玉米棒、番茄和绿色辣椒圈，南美番荔枝，1969年圣栎树白干，由贡查·多洛酒庄生产，1954年收成，贮存于巨大的堂·海梅酒庄。这是我们在圣·艾莲娜吃的丰盛美味。值两美金。①

在参议院和总统竞选的令人疲惫不堪的时期，阿连德展示了他的另一个非比寻常的特质。在午餐之后，在繁重的政治任务下，他常偷偷溜到长凳，或扶手椅，或小床上小憩一番，据他的身边人说，"这是他雷打不动的习惯"②。

和聂鲁达一样，阿连德也是一位不知疲倦的情场高手，他至少结过三次婚，还利用职务之便有过几段婚外情。有证据表明，他把情人们安置在突击队里，把她们带到典礼上，带她们去旅行，自豪地和她们同进同出。滕查不止一次看到阿连德高兴地哼唱着一首歌，疑心他又一次坠入了爱河。萨尔瓦多·阿连德有暴露癖的倾向，还与不少女人

---

① 引自1972年11月26日聂鲁达致以豪尔赫·爱德华兹的信。见《1962—1973年聂鲁达与爱德华兹通信集》，亚伯拉罕·克扎达·维尔加拉著，圣地亚哥：丰泉出版社，2007年。
② 引自刊载于《阿连德面面观》第12页的文章《前市长塞尔吉奥·弗斯科维奇回忆瓦尔帕莱索时期的阿连德》。

有染。他忠于他的政治价值观,也对他的朋友和人民忠诚。不过显而易见,他并不专情于一个女人。①

不同于聂鲁达满足于古玩集市和市场商店的收集癖,阿连德有着"借用"朋友衣服的习惯。他不会感到不好意思,反而用各种高明手段,且花费不少时间来说服衣服的主人们把他看中的衣服送给他,或者把衣服"借给"他。与他关系密切的记者卡洛斯·霍尔克拉说,他过去常常"钻进朋友的公寓偷朋友不让他穿的皮衣,并把'受害的皮衣'藏在自己在托马斯·莫荣街的家中,这其实是为了永久得到这件皮衣"②。他拿去了《号角报》创始人达里奥·圣玛利的好衣服,因此失去了这位报界知名人士的信任。这时阿连德已经是智利总统了。③ 一个在阿连德身边的人回忆说,有一次,总统到达里奥家拜访,在他马上要到达时,"达里奥像是疯了一样走来走去,并让员工'关上衣

---

① 爱德华多·拉巴尔卡在《六十年代:在倾覆和社会主义道路之间(1958—1969)》一文中提出了此观点,见《阿连德面面观》。爱德华多掌握了翔实的资料,站在有趣的角度审视着猎艳者阿连德和他的情感世界。卡洛斯·阿尔塔米拉诺证实了这些观点,见《与卡洛斯·阿尔塔米拉诺的谈话》第225—226页,加布里埃尔·萨拉萨尔著,兰登书屋,2010年。
② 引自刊载于《阿连德面面观》第47页的文章《他很时尚,但也穿麻衬衫》。
③ 引自2003年8月8日发表在智利午报《第二报》副刊《阿连德Ⅱ》第5页的文章《一位年轻的民主党人……一位年轻的资产阶级……一位年轻的社会党人》。

橱！把钥匙放在柜子里！'发生了什么？'我问他。他回答道：'萨尔瓦多快来了，我会被他气死的，他会把我所有优雅的衣服都拿走。'"①

塞尔吉奥·弗斯科维奇是瓦尔帕莱索的市长和阿连德的朋友，当阿连德看到他戴的是一条自己非常喜欢的领带时，阿连德便狡黠地说，"这是一条总统的领带"②。阿连德在许多时候都采取这种做法。聂鲁达记得，很多次，他的总统朋友试图夺去玛丽亚·塞莱斯特为他做的放在船头的面具，这是他在黑岛③收藏的最受欢迎的雕像④。同样在那个地方，阿连德也想要玛丽亚·玛特纳为房子主人绘的壁画。

阿连德也遭到了他自己党内的批评。1952 年，在他第一次竞选总统的时候，他得到了部分社会党、共产党和小党人士的支持。由于他与卡洛斯·伊瓦涅斯·德尔·坎波的竞争关系，社会党人奥斯卡·韦斯断言，阿连德只不过是

---

① 引自弗朗西斯卡·斯科尼奇的文章《〈号角报〉创始人达里奥·圣玛利的边缘生活》。见智利新闻调查中心 2008 年 4 月 30 日的调查报告。
② 引自刊载于智利《国家报》副刊《阿连德面面观》第 13 页的文章《阿连德没有收到的礼物》。
③ 黑岛指聂鲁达在海边的像船一样的房子。——译者注
④ 引自《我坦言我曾历尽沧桑》第 373 页，巴勃罗·聂鲁达著，巴塞罗那：塞依斯·巴拉尔出版社，1985 年。

一个"着装奢华的纨绔子弟",而且他参加总统竞选时"只是像一个迷失方向的游子"[①]。多年以后,人民团结联盟的指挥官卡洛斯·普拉茨,表达了国家元首对他的影响:"我后来学会了用看待普通人的眼光看待阿连德……他充满了自信,甚至有些骄傲,但他善于倾听对方的意见和看法,对不支持他的人,他会并无恶意地进行嘲讽,甚至对他的政治对手他也不会表露敌意。他漫长的职业生涯使得他不会因阿谀奉承而迷失自我,也不会因恶意诽谤而丧失斗志。他精力充沛,工作卖力。他善于坦然面对紧张和忙碌的工作,他常常会用打趣的聊天来调节紧张的神经。"[②]

爱德华多·弗雷·蒙塔尔瓦是在30年代才和阿连德成为朋友的,那个时期他们一同在阿尔加罗沃的度假村消夏,但这种情况在60年代中期发生了改变。在获得人民团结联盟的经验之后,前基督教民主党总统对社会党的领导者及其政府态度强硬:"为什么在欧洲,人们并不认识萨尔瓦多·阿连德,也不了解我们这里发生的事情,却把他这样

[①] 引自《阿连德:作为政客,作为个人———一段私密回忆录》第33页,厄兹伦·阿尼奇著,圣地亚哥:里尔出版社,2012年。
[②] 引自2003年8月29日发表在智利午报《第二报》副刊《阿连德Ⅴ》第12页的文章《人民团结联盟的计划不可行》。

一个不论是政治上还是道德上都很轻浮的人理想化?我知道,阿连德很机敏,有口才,他待人亲切,有幽默感,是一个侈谈政治的人。阿连德不是一个理论家,更不是一个政治家。他在寻找一种方式留在权力顶端,权力使他眼花缭乱、傲慢自大,他最终不得不向他的政敌,也就是他的共产党的同志们妥协和投降。"[1]

聂鲁达和"严峻的人类任务"

1952年8月,聂鲁达回到了祖国。他那时已经48岁了,仍和妻子黛丽娅·德尔·卡莉尔维持着婚姻关系,却同时和玛蒂尔德·乌鲁蒂亚展开了地下恋情,并最终在1955年公开了两人的关系。

聂鲁达一直是个共产党员,这不仅因为他的阶级出身,而且因为他在20世纪20年代积极参加智利大学和学联的活动。他在那里结识了无政府主义者们,并接受了他们的

---

[1] 知情人士表示,这些是前总统于西班牙《ABC报》上发表的声明。见《阿连德:作为政客,作为个人——一段私密回忆录》第33页,厄兹伦·阿尼奇著,圣地亚哥:里尔出版社,2012年。

思想。后来他的一系列的生活经历,如西班牙内战,他的好友费德里科·加西亚·洛尔卡[1]和米盖尔·埃尔南德斯[2]的相继被害,都更加坚定了他的信仰。为此他加入了人民阵线,在那里他目睹了反法西斯斗争和第二次世界大战。他参选北部省份的参议员,了解了工人和矿工的艰难生活。后来,他在回忆这一段经历的时候,强调自己是这些政治进程的见证者和参与者,这就是他说"我不称自己为政治家,但我一直与政治有着直接的联系。在这一点上,可以说我是一个完整的智利人,因为我们智利人从某种程度上来说都是政治家"[3] 的原因。

他与萨尔瓦多·阿连德还有其他左翼领导人一起参加竞选活动,这体现了他所做出的承诺和决定。后来,在斯德哥尔摩发表诺贝尔文学奖获奖感言时,他承认他在政治上做出了选择:

  这是一条需要我们责任共担的艰巨道路。与其对

---

[1] 费德里科·加西亚·洛尔卡(Federico García Lorca,1898—1936),西班牙著名诗人、戏剧家,1936 年内战中被佛朗哥的长枪党人杀害。——译者注
[2] 米盖尔·埃尔南德斯(Miguel Hernández),西班牙著名诗人。——译者注
[3] 引自智利《世纪报》1971 年 4 月 30 日第 10 页对聂鲁达的采访《智利的通途在哪?你我且行且看》。

引领道路的核心人物顶礼膜拜,我更愿意歌颂这一支伟大的队伍。尽管它不时犯错,但它不会停下前进的脚步,每天都会与那些顽固不化的腐朽分子以及那些急不可耐的狂徒进行斗争。我认为,我的诗人的职责不仅与玫瑰、韵律、热烈的爱情和绵长的乡情密切相关,而且要把人类崇高艰巨的任务融合到我的诗歌之中。①

聂鲁达的这种集体主义精神在他的作品集《狂歌集》中的《回归城市》一诗里也有体现,诗中说,"我现在意识到,我不只是一个人,更是一个群体"②。聂鲁达在自传体回忆录《我坦言我曾历尽沧桑》中,解释了他参加共产党的原因,他认为共产党是"一个由许多平凡人组成的伟大组织。这些平凡人放弃了个人虚荣心、专制主义、物质利益。我很荣幸认识这些正直的人,他们为了全民的正义而奋斗"。他还补充说道,他的诗歌和文学作品从来没有受到

---

① 引自《我命该出生》第220页,巴勃罗·聂鲁达著,巴塞罗那:塞依斯·巴拉尔出版社,1978年。
② 引自《巴勃罗·聂鲁达全集》第二卷,第632页,赫尔南·洛约拉编,加拉西亚·古腾堡出版社和读者俱乐部合作出版,1999年。

他的党派意识的影响,而"这个谦逊的党派已经为智利人民,我的人民,取得了非凡的成就。我还能说些什么呢?我仅仅希望我像我的同伴们那样简单,像他们一样有毅力,不可战胜。只有保持谦卑才能学到东西,骄傲自满不会让我学到任何东西,只会让我对人类所遭受的痛苦无动于衷"[1]。聂鲁达的一位亲密的朋友说,聂鲁达"是一名真诚的共产党员,一个有原则的革命者",并指出诗人最主要的身份仍是共产主义者,但在创作时,他"并不像共产主义者那样工作"[2]。和阿连德一样,聂鲁达"对生活充满热情,会享受生活,是个美食家"[3]。一位曾与聂鲁达有过往来的著名作家表示,聂鲁达给他留下的印象是:"在他和蔼与善于享乐的外表背后,他是一位聪慧的文学家和对政治现实眼光敏锐的观察家。"[4]

在五六十年代,聂鲁达不仅被认为是全智利最负盛名的知识分子之一,在国际上也享有极高的声誉。这些认可

---

[1] 引自《我坦言我曾历尽沧桑》第435页,巴勃罗·聂鲁达著,巴塞罗那:塞依斯·巴拉尔出版社,1985年。

[2] 引自2003年10月14日发表在《第二报》副刊《走近聂鲁达Ⅰ》第11页的文章《聂鲁达的深度与广度,犹如安第斯山脉》。

[3] 同上。

[4] 语出马里奥·巴尔加斯·略萨。参见《聂鲁达资料》中的《记忆中的第一位诗人》,智利国家档案馆(网址:www.archivochile.com)。

反映在各个方面：他的作品被翻译成多种语言，并在全球出版，而且他获得了许多重量级奖项。同时，他还是诺贝尔文学奖的候选人。① 在政坛中，他同样显示出重要的作用。比如聂鲁达可以直接与智利共产党的"老大哥"苏联当局对话。聂鲁达是列宁和平奖评委会成员，这意味着他每年都会前往苏联，与苏联当局领导人会晤，他不仅参与奖项评比，还会提出并解决某些问题，是一位权威的，甚至常常是最终拍板的人物②。

这一点可以从下文的诸多事实中得到证明：50年代末，聂鲁达是智利共产党中央委员，1958年在党中央负责总统候选的宣传部任职，就像1946年支持加夫列尔·冈萨雷斯·魏地拉的竞选那样。同样，认为合适的时候，他也会站出来，担任党的发言人，阐明自己的立场。他这样做了很多次：在《信使报》《水星报》发布公开信③，以应对美洲国家组织秘书长的挑衅，④ 他受党组织委托应对

---

① 引自1952年4月7日聂鲁达于意大利卡布里岛致以加夫列拉·米斯特拉尔的信，告知她他成了该奖项的候选人。见《给加夫列拉的信》第107页，亚伯拉罕·克扎达·维尔加编，圣地亚哥：里尔出版社，2009年。
② 只有共产党领导人路易斯·科瓦隆和沃洛迪亚·泰特尔博伊姆在面对苏联当局时，才有聂鲁达当时那种讲话水平。
③ 参见智利国家档案馆馆藏资料，1956年12月22日至1957年1月1日。
④ 参见智利国家档案馆馆藏资料，1959年8月7日至1964年8月28日。

多名主教的指责①，等等。在致总统豪尔赫·亚历山德里的信中②，聂鲁达也表明了同样的立场，在那封信中他谈到了裁军问题和政府的外交政策。1969年9月，诗人被提名为1970年智利总统候选人，其政治地位达到了顶峰。

聂鲁达曾被问及，智利共产党和古巴共产党这两支拉丁美洲最壮大的共产党派是如何挺过十年迫害和不平等环境的，聂鲁达回答说，原因多种多样，但其中一个重要原因是，"我们有一个伟大的组织者——路易斯·埃米利奥·雷卡瓦伦，他是一个伟大的人。四十五年或五十年前，他专为智利工人创办了刊物，那些小报纸为智利人民提供了发声和倾诉的舞台。最早的工会和工会联盟同样由他组织创建。他还是建立智利共产党的核心人物。他是无比杰出的人才，是深受智利人民爱戴的伟人，我们尊称他为'智利国父'。这个男人通过激昂的奋斗奠定了智利共产党的基础，使之成为一个既不偏右也不偏左，能够持续发展的政党。他总是在寻求对抗敌人的方法，集中力量团结工农群

---

① 参见智利国家档案馆馆藏资料，1959年8月7日至1964年8月28日。
② 同上。

众，在他的领导下，党的规模在扩大，声望与日俱增"①。

聂鲁达是当时智利文化界与学界的代表人物，在智利左派中的地位也越来越高，这一切都没有逃脱萨尔瓦多·阿连德灵敏的政治嗅觉。毫无疑问，有了这一切，阿连德日后的参议员工作和总统选举都将得到知识界和共产党的必不可少的支持。

友谊和改变

聂鲁达回国并定居智利后，重拾了与萨尔瓦多·阿连德的友谊，两人往来更加密切。此时魏地拉政府正在追捕聂鲁达，1952年3月，阿连德联合杰出的政治家爱德华多·巴里奥斯、朱韦纳尔·埃尔南德斯、加夫列拉·米斯特拉尔、欧亨尼奥·冈萨雷斯、马西尔·莫拉、弗朗西斯科·安东尼奥·恩西纳、爱德华多·弗雷·蒙塔尔瓦和卡洛斯·伊瓦涅斯·德尔·坎波等人共同撰写公开信，向总

---

① 引自丽塔·吉伯特对聂鲁达的采访。见《巴勃罗·聂鲁达全集》第四卷，第1121页，赫尔南·洛约拉编，加拉西亚·古腾堡出版社和读者俱乐部合作出版，2001年。

统要求保证诗人可以无条件返回智利,且其人身安全必须得到保障,这封公开信是阿连德与聂鲁达友谊的见证。

另一个阿连德支持聂鲁达的证明则是,阿连德没有参加1952年5月21日的全体会议。他书面回答了总统的信函,他公开宣称:"说的是一码事,事实又是另一码事。事实表明,冈萨雷斯·魏地拉政府将这个国家变成了废墟,这里遍布饥饿,没有自由,贫困潦倒,独立名存实亡。数百名公民被监禁、流放、迫害;战争协议和损害国家利益的铜协议被随便签署。"①

对于两人之间是否有深厚的友谊,一个接近阿连德的人有着不同的看法:"令人意外的是,聂鲁达和阿连德之间并没有特别深厚的友谊。阿连德仰慕聂鲁达,但两者的心灵感应并不深。"② 另一个对两人都有好感的人回忆说,当时阿连德"无疑有一段和聂鲁达非常诚挚的友谊,他钦佩聂鲁达作为一个诗人的能力。我想他与诗人兴趣相投。他们看问题的方式和对政治问题的看法一致,他们把自己看

---

① 引自伊瓦涅斯将军1987年9月3日致以人民团结联盟的信件资料。见智利杂志《国际新闻社》增刊,第4页。
② 引自《与卡洛斯·阿尔塔米拉诺的谈话》第228页,加布里埃尔·萨拉萨尔著,兰登书屋,2010年。

成劳动人民的一分子,他们对社会主义社会有着共同的向往"①。而当人们问奥顿希娅·布希他们两人在会面时是只谈诗歌只谈文学,还是也包含日常小事时,她肯定地答道:"他们还谈其他问题。他们交换政治意见,互相倾听。毫无疑问,他们互相仰慕。"②

聂鲁达和阿连德除了在总统选举和议员选举中互相支持外,两人还共同参加各种倡议活动。阿连德日后一直参加智利苏联文化中心③的活动,因为聂鲁达是该中心的领导者和长期合作者。在1953年3月斯大林逝世之际,阿连德向刚刚支持他第一次竞选总统的苏联共产党人致以谢意。在聂鲁达的陪同下,阿连德在巴克达诺剧院发表致敬斯大林的演讲,题为"苏联人民,社会主义者为你们哀悼",首都的一些媒体刊载了这篇演讲的其中一部分。在那次会议上,阿连德说:"对俄国人民来说,斯大林是革命的旗帜,是敢于创新的标杆,父亲般的形象为他的人道主义精神增

---

① 引自智利《国家报》副刊《阿连德面面观》第59—60页,何塞·米格尔·瓦拉斯作。
② 引自罗丝·玛丽·格拉普 2003 年所作文章《怀念聂鲁达:奥顿希娅·布希·德·阿连德讲述丈夫阿连德与诗人的友谊》,刊载于智利《笔记》杂志第54期,第10页。
③ 诗人在1946年就加入了这个组织。

光添彩，他还是和平的象征，英雄主义的象征。他的人民热爱他。他以一种超越自我的人道主义热情纠正了自己的错误。"①

1953年4月底，文化代表大会在圣地亚哥召开，由聂鲁达担当形象代言人。开幕当天，聂鲁达和萨尔瓦多·阿连德在本杰明·苏比卡塞斯克（作家）、佩德罗·德拉巴拉（剧作家）、费尔南多·桑蒂文（小说家）、巴尔塔扎尔·卡斯特罗（作家）以及几位著名的外国知识分子的陪同下出席了大会。有时，聂鲁达和阿连德二人会一道出国访问，他们曾一起访问斯德哥尔摩。在苏联访问归来途中，聂鲁达在给玛蒂尔德·乌鲁蒂亚的信中写道："我正和阿连德一起呢，他接下来要去柏林，然后回智利。"② 在这次历时四个多月且地域跨度极大的旅行中③，阿连德得以向共产主义展现出另一种态度，他对苏联作家和诗人伊利亚-艾伦堡受到的侮辱性待遇表示声援，后者于1953年8月前往圣地

---

① 引自1953年3月16日智利《世纪报》。
② 引自1954年11月25日聂鲁达于斯德哥尔摩致玛蒂尔德·乌鲁蒂亚的信。见《巴勃罗·聂鲁达：那些爱的信件》第68页，欧塞斯·达里奥编，巴塞罗那：塞依斯·巴拉尔出版社，2010年。
③ 更多关于阿连德访问国外的细节，参见《1962—1973年聂鲁达与爱德华兹通信集》。

亚哥并参加了向聂鲁达颁发斯大林和平奖的颁奖仪式。后来，两人在反帝国主义立场上达成了一致，在1954年和1963年共同呼吁危地马拉总统雅各布·阿本斯与多米尼加共和国总统胡安·博什下台，同时强烈谴责美国的恶劣行为。

1963年10月，聂鲁达和阿连德二人共同公开声援西班牙诗人马科斯·安娜，安娜当时人在智利，西班牙驻智利大使馆要求豪尔赫·亚历山德里政府立即将她驱逐出境。阿连德在卡波利坎剧院出席了由复兴共和党组织的致敬活动，聂鲁达因身体不适没有出席，但通过信件表示了问候。他在信中谴责国家外交部只给予马科斯·安娜七十二小时的停留时间的做法，对她表达了支持和声援，并指出女诗人刚从佛朗哥的监狱里出来，她在里面关了二十年。①

这一时期，在情感层面上，诗人正在经历着"各种各样的离别"。1955年，他与第二任妻子黛丽娅·德尔·卡莉尔痛苦地分手，与朋友们突然地断绝往来。国际上发生的一连串事件也使聂鲁达失望不已，如1956年2月苏共第二

---

① 参见《告诉我一棵树是怎样的》第316—321页，马科斯·安娜著，巴塞罗那：乌布里埃尔出版社。

十次代表大会对斯大林罪行的谴责,以及 1957 年 11 月苏联军队大举入侵退出华沙条约组织的匈牙利。在后来他写的文章中,聂鲁达具有批判精神地检讨了他对斯大林的崇敬和对斯大林主义的坚持。比如在 1964 年出版的《黑岛回忆录》一书里的诗歌《奏鸣曲》和回忆录《我坦言我曾历尽沧桑》就涉及了这些问题。在《我坦言我曾历尽沧桑》中,他写下了自己的感受:"我们共产党人的最大悲剧就是发现了斯大林的一些问题。敌人说得对,这个发现震动了人们的灵魂,引起了心灵上的悲痛。一些人感到被欺骗了,于是接受了敌人的观点,站到了敌人一边。另一些人则认为'二十大'揭露出来的重大事实恰恰可以证明共产党敢于向世界公布历史事实,承担起了自己的责任。"[1] 因此,这不仅没有让他离开共产党,他还接受了智利共产党对此问题做出的解释,而且"在随后的几年中,他仍坚持做一名共产党人,一直到他去世"[2]。

新缪斯女神玛蒂尔德·乌鲁蒂亚的崭露头角,使聂鲁

---

[1] 引自《我坦言我曾历尽沧桑》第 433—434 页,巴勃罗·聂鲁达著,巴塞罗那:塞依斯·巴拉尔出版社,1985 年。
[2] 引自《巴勃罗·聂鲁达全集》第四卷,第 29—30 页,赫尔南·洛约拉编,加拉西亚·古腾堡出版社和读者俱乐部合作出版,2001 年。

达重获朋友圈子里的中心地位。"玛蒂尔德朋友圈"① 意味着一种比"蚂蚁"时期更有组织性、更有序的聚会模式，诗人慢慢习惯了这种模式②。虽然物是人非，但在聂鲁达的影响下，友谊和情感仍然留存了下来。关于这一点，一位作家说，聂鲁达的魅力并不来自他作为知识分子的威望或其政治活动，而是源于他"精神世界的力量，这种力量超越一切。聂鲁达是一个无法无动于衷、袖手旁观的人。其力量与其人性温度，仿佛某种神奇的东西，一股神秘的吸引力，将我们吸聚在他身旁"③。

在那个"与世隔绝的友谊之岛"，萨尔瓦多·阿连德和奥顿希娅·布希之间萌生了爱情，日后聂鲁达将亲自担任他们的证婚人。在诗人位于黑岛的房子里，他们两人有了更多的见面机会。其他的宾客有文学家豪尔赫萨·纽埃萨、聂鲁达的秘书奥梅罗·阿尔塞、聂鲁达的妹妹劳拉·雷耶斯、画家马里奥·托尔、建筑师圣地亚哥·阿吉雷、学者

---

① 这是克劳迪奥·韦利兹独创的称谓，见《1963—1970：巴勃罗·聂鲁达与克劳迪奥·韦利兹，诺奖之路上的通讯集》第 15 页，亚伯拉罕·克扎达·维尔加拉编，圣地亚哥：迭戈·巴罗斯·阿拉纳研究中心出版，2011 年。
② 同上。
③ 引自《不动的旅行者》第 130 页，埃米尔·罗德里格斯·莫内加尔著，巴塞罗那：莱伊尔出版社，1988 年。

克劳迪奥·韦利兹及其伴侣保拉·费尔南德斯·德·卡斯特罗。此外，参加聚会的还有外交官马里奥·巴伦苏埃拉和他的艺术家妻子米尔卡·库科奇，来自巴西的作家、诗人蒂亚戈·德梅洛，作家安娜·玛丽亚·贝尔·加拉，乌拉圭建筑师阿尔贝托·曼塔那和他的妻子奥尔加，年轻军官、瑞典外交官乌尔夫耶通松和他的妻子卡琳·奥尔德菲，记者、诗人萨拉·比尔和她的丈夫乔治·鲁尔，弗朗西斯科·贝拉斯科博士和他的妻子，艺术家玛丽安·马特内，以及卡米洛·莫里和马鲁哈·巴尔加斯等。有时，这些朋友也会在诗人瓦尔帕莱索的房子或是首都的房子里聚会。

1961年6月，在瓦尔帕莱索的一间德国酒吧里，聂鲁达与来自其他地方的朋友，高兴地聚集在"靴子俱乐部"举行茶话会。[①] 在诗人的档案中，一张照片记录了阿连德的出席。在其中一张名为"无冕之王"的照片中，这位社会党领袖，整理着领带和西装，仪表堂堂，戴着皇冠坐在总统的椅子上。[②] 据知情人士透露，虽然那个时期阿连德正忙于参议院的工作，但偶尔也会参与这些活动，气氛通

---

① 引自文章《靴子俱乐部的建立》。见《聂鲁达回到瓦尔帕莱索》，萨拉·维亚尔著，瓦尔帕莱索：瓦尔帕莱索大学出版社，2004年。
② 阿连德参议员时期的照片，1961年摄，作者未知，保存于聂鲁达基金会档案库。

常既欢快又富有文学气息。①

出于对政治和立法活动的热情,阿连德更喜欢在聂鲁达位于圣地亚哥的房子里接受款待。有人记得"几乎总是在巴西诗人蒂亚戈·德梅洛的家中见到阿连德,自从聂鲁达搬去黑岛,他曾经的房子就成了蒂亚戈现在的家"②。真正促成这种关系的其实是滕查。阿连德伉俪的友谊与默契程度清楚地体现在聂鲁达和克劳迪奥·韦利兹的书信往来中。③ 有时她如同管家般向聂鲁达住在伦敦的亲朋好友传递消息;有时,她把令人悲伤的消息传达给聂鲁达,例如克劳迪奥·韦利兹母亲的离世④。作为回报,他回应聂鲁达:"我们都拥抱(滕查),我们送你一小片英格兰,来记住这些流亡者。"⑤ 在其中一封信中,聂鲁达有些幽默地告诉他:"滕查还不曾坐上第一夫人的位置。"⑥ 在 1973 年 4

---

① 引自《再见,诗人》第96页,豪尔赫·爱德华兹著,圣地亚哥:图斯卡斯特出版社,1990年。
② 费尔南多·恩里克·卡尔多索的回忆。见《阿连德:一个可能的世界》第5页,提多·德拉戈著,圣地亚哥:里尔出版社。
③ 参见《1963—1970:巴勃罗·聂鲁达与克劳迪奥·韦利兹,诺奖之路上的通讯集》,亚伯拉罕·克扎达·维加拉编,圣地亚哥:迭戈·巴罗斯·阿拉纳研究中心出版,2011年。
④ 同上书,第81页,聂鲁达1964年12月20日致以克劳迪奥·韦利兹的信。
⑤ 同上书,第57页,克劳迪奥·韦利兹1963年11月20日致以聂鲁达的信。
⑥ 同上书,第59页,聂鲁达1963年11月27日致以克劳迪奥·韦利兹的信。

月一封致豪尔赫·爱德华兹的信中，聂鲁达确认了奥顿希娅·布希永恒的地位。①

一些聂鲁达未发表的信件表明，聂鲁达和阿连德二人曾经联手支持他们共同的好友。如 1958 年 12 月，聂鲁达曾这样告诉他的朋友、委内瑞拉作家米格尔·奥特罗·席尔瓦："我们必须拯救我们的好朋友。我希望你能帮我办好这些签证，并给我发份电报告知进展。萨尔瓦多·阿连德这些天正在就同一问题与贝坦库尔洽谈，因为当面去说也很重要。"② 据豪尔赫·爱德华兹回忆，1970 年 7 月，诗人向秘鲁总统胡安·委拉斯科·阿尔瓦拉多呈递了阿连德的信，以便胡安政府执政时不会与他为敌。③ 同年 11 月，聂鲁达通知厄瓜多尔作家本杰明·卡里翁，他将提供一封萨尔瓦多·阿连德的信。同样的情况在 1973 年反复出现，当时国内外名人都委托诗人与阿连德总统调停解决各类问题。④

---

① 参见《1962—1973 年聂鲁达与爱德华兹通信集》第 137 页，亚伯拉罕·克扎达·维尔加拉编，圣地亚哥：丰泉出版社，2007 年。
② 1958 年 12 月 17 日米格尔·奥特罗·席尔瓦于圣地亚哥致以聂鲁达的信，保存于聂鲁达基金会档案库。
③ 参见《再见，诗人》第 211 页，豪尔赫·爱德华兹著，圣地亚哥：图斯卡斯特出版社，1990 年。
④ 参见皮埃尔·塞林格 1973 年 2 月 1 日给诗人的信，或亚历杭德罗·加雷顿·席尔瓦医生 1973 年 4 月 26 日的信，保存于聂鲁达基金会档案库。

类似情况还有一些。比如，1970年9月阿连德成功当选后，不少知识分子和国际人士直接将聂鲁达与新总统联系在一起，不仅向诗人祝贺人民团结联盟的胜利，还认为他是阿连德团队中的核心人物，一再把诗人当作与阿连德取得联系的渠道。

困境与分歧

正如上面所叙述的，聂鲁达和阿连德有着政治思想和个人理想的共鸣，也分享着某些特定的朋友圈，然而，在这段绵长的友谊中仍然存在分歧和迷茫。如果把这段关系嵌入错综复杂的关系网中，或是搬到民主、活跃，时而又两极分化的政治舞台上（如20世纪中叶的智利），我们可以注意到，有些分歧有时甚至是公开的。但这既没有消减聂鲁达和阿连德之间的友谊，也没有削弱他们对各自党派的忠诚。

在众所周知的分歧中，两人之间的分歧主要是政治、政党方面的。这体现在为了各自集体的利益，他们对某些问题采取不同的态度。20世纪40年代，聂鲁达及其政党热烈拥护候选人冈萨雷斯·魏地拉。在民主联盟的帮助下，冈萨雷斯·魏地拉于1946年被选为智利的新总统，而这个所谓的民主联盟聚集了激进分子、民主人士和共产党人，阿连德和少部分社会党内部人士对魏地拉持反对态度。

除此之外，聂鲁达和阿连德对胡安·多明戈·庇隆的地区政策持不同意见，并对1953年2月庇隆访问智利采取不同的立场。在1950年初，阿连德曾以参议员的身份表达了对"胡安·庇隆的阿根廷的霸权主义"的担忧。同时他还在议会上说，"阿根廷政府正在大力发展他们强大的武装力量"。与之相反的是，聂鲁达不仅欢迎胡安·多明戈·庇隆的造访，而且陪同阿根廷总统去智利大学并聆听他的讲座。"我们需要像这样的领导者，你只需要在邀请函上写上你的名字"[1]，诗人如此说道。

20世纪五六十年代，当华沙条约组织的俄国的军队和坦克开进匈牙利的时候，两人之间的矛盾显而易见。这时，阿连德强调，他的团队支持匈牙利人民的自治。他说，"我

---

[1] 引自迭戈·梅拉梅德的文章《庇隆和聂鲁达的交易》（网址：http://www.lanacion.com.ar）。聂鲁达不惮公开发声，要求社会关注庇隆政府下阿根廷知识分子的处境。具体例子可参见智利《世纪报》1956年2月19日对诗人的采访《巴勃罗·聂鲁达：我们生活在麦卡锡主义的恐怖中》。

们不能不对苏联武装干涉匈牙利内政表示强烈谴责"①。

同样,1968年8月,智利社会党谴责苏联入侵捷克斯洛伐克。对于苏联的入侵,阿连德以参议员和议长的身份表达了他的看法:"我们坚决主张,无论是不是社会主义,每一个国家都应该解决自己的问题。因此,我们强烈谴责《华沙条约》签署国对捷克斯洛伐克的武装干预。这是对这个国家主权的践踏。"②

在私下,他们也有不少尴尬时刻。一位目击者告诉记者,1971年1月,在一次社交聚会上,"我不得不坐在阿连德和聂鲁达之间。当时我们在吃饭,聂鲁达隔着我对阿连德说(模仿聂鲁达的语气):'萨尔瓦多,你将关闭军事学校?他们会把你赶出去的,萨尔瓦多,关了它吧,否则,民兵会把你赶出去的!'阿连德用胳膊碰了碰我说,这个巴勃罗就是个笨蛋。他还补充说,聂鲁达不知道他在武装部队中享有很高的声誉,军队的人会保护他的"③。

---

① 引自刊载于智利《国家报》副刊《阿连德面面观》第70页的文章《在大会上的发言》。
② 引自刊载于智利《国家报》副刊《阿连德面面观》第21页的文章《意识形态的多元化标志着总统与世界的关系。务实主义,阿连德外交政策中的精华》。
③ 引自《第二报》副刊《走近聂鲁达Ⅲ》2003年11月21日的文章《共产党利用了聂鲁达的信任》,加布里埃尔·巴尔德斯·苏伯卡索作。

除了先前的事情,也许聂鲁达和阿连德之间唯一的"真正"分歧,就是古巴当局向阿连德总统转达了他们对当时任外交官和商务部代言人的豪尔赫·爱德华兹在古巴的表现(1970年12月—1971年3月)的不满。阿连德对此感到愤怒,他指示外交部部长克洛多米罗·阿尔梅达立即对当时驻巴黎大使馆的那位官员"实施制裁"[1],而这位官员所在的大使馆就是聂鲁达任职的大使馆,相当于聂鲁达的副手。聂鲁达没有考虑维护这位官员会带来什么后果就强烈反对总统的决定。爱德华兹后来回忆说:"我有强大的靠山,他就是巴勃罗·聂鲁达,他让外交部部长告诉萨尔瓦多·阿连德,如果阿连德让我从巴黎大使馆离开,他也会离开。"[2] 由于聂鲁达的强硬态度,情况并未如他所说的变糟。爱德华兹还说,后来外交部部长阿尔梅达在注意到事件的性质后告诉他,自从阿连德总统就任以来,他与总统进行的唯一认真的讨论就是"因为他"[3]。

---

[1] 引自圣胡安·马丁内兹的文章《我生活在审查制度下》(网址:http://www.babad.com)。
[2] 同上。
[3] 引自《不受欢迎的人》第373页,豪尔赫·爱德华兹著,圣地亚哥:丰泉出版社,2006年。

第六次交会

诗人与总统的书信往来

巴勃罗·聂鲁达和萨尔瓦多·阿连德在1969年到1973年之间往来的十五份私人信函①构成了二人之间的第六次交会。对于他们二人的关系，信件的只言片语无法让人知其全貌，但是我们至少得以一窥他们的兴趣所在、担忧之事和各自所处的境遇。这些信件大多很简短，从中却足见二人的友谊和他们彼此的惺惺相惜，同时这些文本也有助于了解那令人不安的时局。信件的内容表明他们之间还有其他类似的书信往来，但是出于诸多原因，那些信件

---

① 现存的有九封信、四张字条、一封电报和一封政府电报。

仍下落不明或是早已散佚。

信件的内容显示出聂鲁达在智利左翼中是颇有人望、举足轻重的角色,从而他成了社会党领导人阿连德和其他候选人的竞选活动中的关键人物。例如在1965年,聂鲁达曾为沃洛迪亚·泰特尔博伊姆参议员的竞选活动提供支持。[1] 他的身份也被各个党派和其他候选人认可。除此以外,这些信件证实了二人间的关系十分亲近,两人的交往不止于问候和互访,而是彼此留意对方的私人生活,比如他们都知道对方的生日甚至是对方配偶的生日。他们也很关心彼此的健康状况,总是交换意见,互提建议,等等。信件中一张阿连德亲笔签名的照片也可以佐证这种亲密关系。那是阿连德在1964年7月为了祝贺诗人的六十岁生日而寄出的,上面写着:"给聂鲁达和玛蒂尔德,今天是我的诗人朋友的生日,也是智利的幸运日,愿我们的情谊更坚。"[2] 在1973年7月二人最后一次见面时,阿连德总统交

---

[1] 聂鲁达在1965年2月19日给朋友克劳迪奥·韦利兹的信中写道:"我们现在正在忙着竞选,从北走到南数不清的宣传快把我累坏了。我们的沃洛迪亚的当选应该稳了。"出自《1963—1970:巴勃罗·聂鲁达与克劳迪奥·韦利兹,诺奖之路上的通讯集》第87页,亚伯拉罕·克扎达·维尔加拉编,圣地亚哥:迭戈·巴罗斯·阿拉纳研究中心出版,2011年。

[2] 1964年7月12日萨尔瓦多·阿连德候选人签名照片,圣地亚哥:巴勃罗·聂鲁达照片档案。

给诗人另一张签名照,上面模仿聂鲁达用绿色的墨水写道:"致玛蒂尔德和巴勃罗,愿我们的爱与情谊永存,你们的总统朋友。"[1] 正如前文提到的,二人亲近的另一个重要原因就是聂鲁达的夫人玛蒂尔德和阿连德的夫人奥顿希娅·布希之间关系亲密。如果不是有玛蒂尔德的同意,那时想要跻身聂鲁达的亲密社交圈远非易事。

聂鲁达和阿连德二人不论职务有什么不同,他们始终都以"你"相称,他们的亲密关系从这一点就表露无遗。另外一条证据就是只要聂鲁达觉得合情合理,他就不顾政界人士通讯中的种种忌讳,直接联系当时的总统候选人和后来当选总统的阿连德,并通报情况,商讨解决办法,即便很多事情不在总统职权范围之内。他总是热心地为这位社会党的伙伴在选举中增加胜算。在1964年的大选中,他曾公开表示他对于阿连德会成功当选总统这一点深信不疑,还试图说服他的朋友克劳迪奥·韦利兹投身阿连德的竞选工作,说那将会是如虎添翼,他说:"会有奇迹的……我已

---

[1] 1973年7月12日萨尔瓦多·阿连德总统签名照片,圣地亚哥:巴勃罗·聂鲁达照片档案。

经和你说过了，你考虑考虑！"①

从这些信件中还可以看到，不论是在参与他的总统朋友的政治和社会活动时，还是在自己的领事或是大使的岗位上，聂鲁达总是想方设法将文化议题放在首位。虽然他推广的往往是自己的诗歌作品，但他对此坦荡直言、毫不避讳。因此，文化在诗人眼中有了工具性的意义——他利用文化来宣传那些雄心勃勃的政治决策，又或是让文化服务于他的工作。

聂鲁达一向听从人民团结联盟政府的指令，并且不时提出必要的补充意见，在他的从政经历中不容忽视的是他将文化灵活嫁接于政治的能力。聂鲁达承担起大使一职，既肩负光荣的使命，又满怀革命的热情。总统批准聂鲁达直接与他沟通，因而诗人才能畅所欲言，总是在必要的时候提出他的意见和想法，并且给出他认为合适的行动方案。他更多地使用政治而非文学术语，至少在书面文件中努力做到传达与官方一致的观点，他曾仔细审核一份美国企业

---

① 引自1963年3月12日巴勃罗·聂鲁达给克劳迪奥·韦利兹的信。见《1963—1970：巴勃罗·聂鲁达与克劳迪奥·韦利兹，诺奖之路上的通讯集》第46页，亚伯拉罕·克扎达·维尔加拉编，圣地亚哥：迭戈·巴罗斯·阿拉纳研究中心出版，2011年。

关于禁运智利铜的问题的文件,确保其中没有出现"交易"二字。这种种都是基于他超乎寻常的政治热情,以及维护人民团结联盟政府正在进行的变革的努力。

阿连德写信时总是用词简短而情真意切。他手写书信时字迹潦草,难以辨认,确实有医生的风格,让人感觉文字如话语般流于纸上。也正因如此,他的一些书信段落读起来就仿佛是从政治演讲中截取的片段。在一封写给诗人的信中,总统用这样的语气写道:"你那意境旷远的诗作,你那令人难以忘怀的篇章,岂不是受了智利美景的启迪?她的风土与人情,她的历史与传说,她的鲜花与生灵,她的山、海、鱼群,特别是她的人民,是智利的人民给了你启迪啊。我要强调的是我们智利的人民,我们的智利同胞是那么地谦逊、勤劳,又是那么地痛苦、贫穷,仿佛是被夺走一切无人眷顾的弃儿。"①

与阿连德的信函的风格相反,聂鲁达的文辞不乏亲切却有礼有节,他的语言更为直白和自然,而且常常在信的末尾鼓励阿连德在政治上勇往直前。有封信的结尾聂鲁达用大写字母赫然写着"永远前进"。他在另一封信中则写

---

① 引自1973年2月13日萨尔瓦多·阿连德给在圣地亚哥的巴勃罗·聂鲁达的信。

道,"我们不会有更好的总统了"。这些书信是私人性质的,原本只是两位政治上立场相近的朋友间的交流,但部分信件还是通过媒体被公开,这让他们明白身处政治环境之严峻。从他们在 1973 年 2 月的往来书信中可以看出他们的私人交往影响着公共生活。

信件内容与个中亮点

第一份文本是 1969 年 7 月阿连德给聂鲁达发送的电报。时逢聂鲁达 65 岁生日,阿连德受邀参加生日聚会,但临时的政治任务和繁重的立法工作让他无法出席。阿连德答应派一名代表前往,这个代表毫无疑问是他的妻子奥顿希娅·布希,因为那时她已经是诗人黑岛之家的常客。

第二封信由萨尔瓦多·阿连德写于 1969 年 9 月 1 日,并在聂鲁达接受第一选区参议员任命的前几天发出。信中阿连德除了赞美聂鲁达在竞选活动中"使一切变得高尚的能力",还祝贺他即将获得的荣誉。阿连德指的是 9 月 4 日议会授予诗人"智利荣耀之子"的称号,当时社会党领导人阿连德当然也在场。他在信的结尾向诗人坦言:"你会圆满完成一线的战斗任务,我也将欣然踏上我的征程。"

第三封信是聂鲁达写的,并在 1970 年 9 月 4 日阿连德当选总统的几天后发出,信中有表明二人政治关系的关键内容。聂鲁达认为竞选胜利让"我们挫败了阴谋",阿连德的存在"对于统治阶级无疑是巨大的威胁"[①],因此也必然"证明他们要狠狠打击才行"。虽然看起来诗人在信中并没有向阿连德的成功当选表达祝贺,但不要忘了,在 9 月 5 日一大早,也就是竞选胜利的第二天,聂鲁达就与共产党的领导人路易斯·科瓦兰和胡丽埃塔·坎普萨诺登门祝贺住在老卫兵街的新任总统阿连德。[②]

在这封信中,聂鲁达提及了两件令他操心的事情。第一件是冷战带来的威胁。他认为敌方阵营已经并将继续竭尽所能地策划各种阴谋,这一次因为阿连德获胜而被挫败的阴谋便是其中之一。第二件是他认为有必要开展一些和文化有关的庆祝活动,邀请市民来参与。他建议为 11 月 4 日的总统就任仪式排演一出戏剧。聂鲁达已经期待这样的选举结果太久了,他满腔的热情让他丝毫没有在意当时政

[①] 引自《我坦言我曾历尽沧桑》第 155 页,巴勃罗·聂鲁达著,巴塞罗那:塞依斯·巴拉尔出版社,1985 年。
[②] 在克瓦兰·路易斯回忆录《生活与战斗》中有这样的记载。

界的繁文缛节，或者至少诗人没有把它当回事。事实上，智利法律规定，如果选举结果没有达到绝对多数，那么当选的总统想要举办任何庆祝活动，或是邀请任何人士来参与就职典礼，都要额外获得国会的批准。

还有一封信是聂鲁达于1971年3月发出的。议会在1月21日批准聂鲁达的大使任命，并将于3月26日在巴黎颁发聘书，所以写信时聂鲁达已出任大使。聂鲁达并没有按使馆的行政规定先联系外交部直属上级，而是选择以私人名义直接致信阿连德，向他通报基督教民主党在使馆遗留的不合理之处。在聂鲁达看来，基督教民主党在使馆下设置商务处是完全没有必要的。这个商务处过于独立且缺乏透明度，收益微薄，却受到国家的大力资助。他认为设立这个商务处可能是为基督教民主党的竞选敛财，因此他说这是"很不合理的，应该将之取缔"，还说这样的机构的存在"和我的管理理念格格不入"。他最后说道："如果不对此采取措施，这个漏洞将会贻害无穷。"

1971年中，这位总是醉心于文化议题的诗人向总统写了一份简短的照会，告诉后者著名的加泰罗尼亚建筑师里卡多·博菲尔将前往智利，还评价称这位建筑师"对于城市建筑的眼光实用而富有理性之美，值得总统的关注"。不久后的 10 月，聂鲁达赢得了诺贝尔文学奖，媒体对他的获奖表达了喜悦和满意之情。10 月 21 日，阿连德和夫人奥顿希娅通过外交部向聂鲁达发出了一封电报。电报虽然只有短短几行，真挚的情感却跃然纸上，他们向诗人得到瑞典文学院的垂青表达祝贺："我们代表智利人民，也是代表我们自己，向你表达最诚挚的祝贺，你获得这个奖是众望所归。"

1972 年 6 月，阿连德总统亲笔给聂鲁达写信。他在信中表达了对诗人健康状况的担忧，而损害诗人健康的因素正是聂鲁达所处的政治环境。他甚至还为聂鲁达尽快康复开出了一剂安慰良方："我觉得你们回黑岛来休息为好，这对恢复健康有好处，这里人们都很热情，还有党内的同志们，故乡的热土，更有老朋友的陪伴。这些都对你的健康有益。"1972 年 9 月，聂鲁达的健康状况已经影响到他的工作，他准备回国，但是没有最后决定，更没有决定是否要放弃他的大使工作。他以信件的形式向总统提出了新的文化倡议：他本人提供一本诗歌选集，免费印发一百万本给学校、工会和部队。诗人表示他将放弃这本诗集的版税收入，只是希望这本诗集能在他回国后的重大仪式上发放。

1972 年 10 月底，聂鲁达向阿连德发送了两份信函。

考虑到信件内容，他选择了通过使馆的外交信使送达。在第一封信中，他向总统汇报了一个自称"自由阵线"的组织发布的反对人民团结联盟政府的宣言，他担心这会引起社会上的混乱。聂鲁达认为，这件事是"有预谋的，而且毫无疑问是美国中情局或是智利右翼精心炮制的"[1]。诗人希望总统与牵涉到此事件之中的法新社保持密切联系，因为只有这样才能澄清真相，展示智利政府所取得的成绩。在第二封信中，聂鲁达向总统通报了法国各地无数民众向智利驻法使馆表达的支持，抗议某些美国企业通过对铜实施禁运来孤立智利的行为。

在聂鲁达返回智利前几周，大使馆正在处理铜禁运的问题，聂鲁达大使认为他应该事先与阿连德私下就这个重要而棘手的问题进行沟通。他写了一封清晰明了的信件，实事求是地反映了大使馆在处理这一棘手问题时的真实立场。在信中，他告知总统法国国内的政治环境，法国司法机构的态度，以及他们下一步可能采取的行动方案。聂鲁达指出："我写此信是想在某种程度上发出警示，面对我们目前的愈加艰难的状况，切忌盲目乐观。"聂鲁达还总

---

[1] 聂鲁达多次表达的担忧并非空穴来风，这是有事实基础的。可以参考法国作家斯通诺·索德2001年出版的《美国中情局和文化冷战》第486—488页。

结了他在巴黎大使馆所做的工作,包括他与法国外交部高官、部长以及蓬皮杜总统就此问题进行的对话。聂鲁达告诉总统,法国官员对智利的事情表示同情,但他们的态度模棱两可,仅仅表达了他们希望这个问题"和平解决"的愿望。

聂鲁达重申他的立场是不与美国公司进行谈判,并指出,为了捍卫国家利益,应该立即在巴黎设立附属于大使馆的司法咨询部门,以集齐所有相关文件,召集专业人员,而这项工作是事件发生以来不可或缺的。这封信部分地反映了当时两极对抗的冷战气氛。聂鲁达在写给豪尔赫·爱德华兹的书信中也表达了同样的想法。[1]

接下来有两封信,其中一封写于1972年9月5日,另一封则是写在同月的13日,两封信的内容关系紧密,共同标志着聂鲁达人生的一个重要转折点。在第一封信中,正如他在以前的信函中所谈到的,聂鲁达告诉阿连德他决定辞去大使职务,因为他已经重新与"智利的生活和这片非凡的土地"建立了联系,他再次表达了他想永远留在智利

---

[1] 引自《巴勃罗·聂鲁达与豪尔赫·爱德华兹书信集(1962—1973)》第112页,亚伯拉罕·克扎达·维尔加拉编,2007年。

的愿望。诗人总结他的外交工作时说:"在我的任期内,我们和法国的关系已经更为坚实与亲密。"他还补充说他担任大使时"全心全意、兢兢业业",感受到法国人民自发地对智利人民的运动抱以热忱和支持。

总统很快就给聂鲁达写了回信。在信中,阿连德称赞聂鲁达为"杰出的同胞",对诗人不得不在远离智利的地方工作表示同情,说智利毕竟是诗人孕育诗作、滋养灵感的地方。此外,阿连德还对聂鲁达即将回国表达了自己非常喜悦的心情,因为从今往后,"我们将有你陪伴左右……你是智利的儿子,给智利带来了许许多多的荣耀,其中就有诺贝尔文学奖。你在帝国主义国家对我们的铜出口百般施压的艰难时刻为我们带来了这个奖。"最后,总统总结了二人之间"互相尊重的牢不可破的友谊",这友谊在"多年来的社会斗争中愈加坚固,我们总是在同一战壕里捍卫着国家的最高利益"。

在1973年5月的最后一封信中,聂鲁达向阿连德表示了祝贺,祝贺总统获得了当年苏联颁发给全世界杰出人士的列宁和平奖。阿连德不是共产党员,他能获得这个奖,聂鲁达作为评委无疑发挥了个人的影响力,就像过去他为另一位杰出的智利同胞①所做的那样。聂鲁达认为阿连德获得列宁和平奖这件事不仅"光荣而正义",还代表了"国际上对其高尚人格的认可"。

1973年6月中旬,智利国内局势发生了剧烈变化,两人之间的书信往来便终止了。在奥顿希娅·布希给诗人的一封信中,总统夫人饱含深情而又不无感伤地谈到欧洲的局势和他们那些共同朋友的生活近况。她满怀感激地回忆起他们在黑岛的愉快时光,说那样的时光"几乎不可能"再有了。信末她亲切地与诗人告别:"我代表萨尔瓦多和我本人,给你和你的夫人玛蒂尔德一个巨大的拥抱,愿我们情谊永存。"

---

① 1954年中,聂鲁达发挥其影响力将这个奖项颁给加夫列拉·米斯特拉尔,虽然当时此奖还名为"斯大林和平奖"。迪利亚·德尔·卡里尔写信给女诗人,要她"迅速回复",说这个奖项"相当于另一个诺奖"。出自《给加夫列拉的信》第135页,亚伯拉罕·克扎达·维尔加拉编,2009年。

第七次交会

聂鲁达竞选总统

聂鲁达和阿连德两个人的第七次交会,也是他们的最后一次交会。人民团结联盟政府达到它的顶峰,又随之走向了末路。在这次交会中,他们之间的关系最紧密,而且两人也相互钦佩。在1952年、1958年和1964年,作为联盟一员的智利共产党一直选择支持阿连德竞选总统。面对1970年的总统大选,基于前三次的失败经验,共产党制订了全新的竞选计划。即便阿连德表面上看起来是总统竞选的有力候选人,他与其他角逐者间显而易见的差距也不容忽视。阿连德连续参政三十年,他的议会经验无可指摘,但取得的胜利零星可数,其中一些值得大书特书,剩下的都如上文提及的1961年当选瓦尔帕莱索和阿孔卡瓜省议员那样不值一提。而那几次竞选失利，让人发觉他的总统竞选之路全以失败告终，因而人们不无担忧。毫无疑问，不管是社会党还是共产党都不想第四次重蹈覆辙。

在这种情况下，共产党十分现实地拒绝了小范围的结盟，也就是单纯的"社会党和共产党"的联盟，转而提出要推选一个唯一的、能获得所有人，或者至少是大部分社会党派的支持的总统候选人。这样选出单一候选人的想法是贴合实际的。聂鲁达指出，重要的是"人民团结联盟。因为除非依靠联盟，否则毫无胜算。如果现在左翼的联盟党派各自为政，是无法对抗得到充足经济援助的传统右翼势力的。而另一位来自基督教民主党的总统候选人，则是现任政府所属党派的官方候选人。这两股势力都很强大。因为前者有钱，而后者可能受到政府的直接帮助。只有把所有左翼的党派都联合起来，大干一场，才可能战胜另外两位竞选者"[1]。

除此以外，共产党真正的愿望是能推选出自己党派的候选人，因此，时隔三十八年终于推选出了一位自己的党

---

[1] 引自丽塔·吉伯特对巴勃罗·聂鲁达的采访，第1117页。

员参与总统竞选。从人民阵线时期以来，共产党不仅要支持其他党派的竞选者竞选行政长官，还要同其他左翼党派进行激烈竞争，共产党人甚至受到政府追捕。因此在这次大选中，共产党打出了他们心目中的"王牌"，共产党总书记在宣布人选时说他们的候选人是"全智利最杰出的人士"①。1969年9月30日，巴勃罗·聂鲁达受命成为总统候选人。"是的，我们已经很久没有推举候选人了，"诗人在被提名后的采访中承认，"但是我们有必要这么做。过去我们陪跑，好让别的党派能推选出自己的候选人。这次我们要推举我们自己的候选人。"② 诗人的朋友，同时也是共产党高层领导人的沃洛迪亚·泰特尔博伊姆，当仁不让地承担起聂鲁达总统竞选小组的工作。

聂鲁达没有停止在私人场合继续发表他的见解，并且一如既往地决定服从组织的安排。然而，他同意参加竞选是有条件的。他首先承认，共产党推举唯一的总统候选人的做法"是迫使所有人达成共识的英勇之举"，他还补充说，在采取这种策略的时候，他就已经明白这相当于同时接受了未来的退选，而且相信退选是"不可避免的"。他还

---

① 引自1969年10月1日《世纪报》第2版，第33页。
② 引自丽塔·吉伯特对巴勃罗·聂鲁达的采访，第1122页。

坦言联盟会选一个共产党员作为联盟的总统候选人的可能性微乎其微:"说得好听一点,所有党派都需要我们支持他们(包括一些基督教民主党的竞选者),但是没有其他人会支持我们。"①

共产党总书记在向人民团结联盟公开宣布推举人选时,毫不含糊地向参会的左翼团体指出:"我们并没有说只能选巴勃罗·聂鲁达,否则谁也甭选。我们也没有说只能选我们的党员,否则就没有联盟。我们邀请别的左翼党派和其他的社会党派推举的总统候选人都来共同参与竞争。"② 聂鲁达在获得总统候选人提名时发表了一段讲话,言辞间让人仿佛感受到萨尔瓦多·阿连德演讲中洋溢的热情:"我从未将我生命中的诗和政治分开……我是智利人,一百年来,她所有的不幸和苦难我都心知肚明,人民的痛苦和欢乐我都参与其中。我是在这片土地的中部和南部忍受着长时间艰苦工作的工人家庭的一员。我从未与有权有势者为伍,我始终觉得,我的信念和职责都是用我的行动和诗歌服务

---

① 引自《我坦言我曾历尽沧桑》第458页,巴勃罗·聂鲁达著,巴塞罗那:塞依斯·巴拉尔出版社,1985年。
② 引自克瓦兰·路易斯回忆录《生活与战斗》第116页,圣地亚哥:罗姆出版社,1997年。

智利的人民。我活着,我歌唱,我捍卫。"①

当被问及这是不是他第一次参加总统竞选时,诗人的回答明确而果决:"这是第一次,也是最后一次。"他说他总是准备支持其他左翼候选人,这从他过去遍布全国的足迹就能看出来。"像在1938年,我陪同佩德罗·阿吉雷·塞尔达先生参加竞选。那是人民阵线的胜利,是智利历史上的第一届左派政府。联盟里有共产党人、激进党派人士、社会党人等。(随后他又补充说)那以后我也陪同别的候选人参与竞选。现在社会党的候选人萨尔瓦多·阿连德参与过三次竞选活动,都没有成功当选。这三次竞选活动我都陪伴在他左右,从阿里卡到麦哲伦海峡,跟他走遍了全国。"② 诗人甚至坦言,连写诗这项对他来说神圣无比的工作都因为竞选而被搁置了。他提道:"为了阿连德能成功当选,我将全部精力投入竞选工作之中,以至第六本书(《黑

---

① 引自丽塔·吉伯特对巴勃罗·聂鲁达的采访,第1113页。
② 引自丽塔·吉伯特对巴勃罗·聂鲁达的采访,第1115—1118页。政治事务影响了诗人的日常工作。例如他推迟了回复信件,不得不向收信人解释推迟的原因,称他是在"靠近南极对岸的地方"写作。见1964年2月27日巴勃罗·聂鲁达写给在黑岛的克劳迪奥·韦利兹的信,《聂鲁达的旅行纪要(1927—1973)》第67页,亚伯拉罕·克扎达·维尔加著,2011年。

岛回忆》）都没能完成，但是为了他的成功，我的牺牲是值得的。"①

当被问及他是否准备好担任国家元首一职，诗人借着回答问题的机会表达了他的观点："这个职务和我们的纲领都不是针对个人的。我们是要组建一个团队型的、集体型的政府。每个环节都不会缺少技术专家。问题的解决并不依靠总统学识的多寡。总统自然不能是白痴或是傻子，但也不能是呼风唤雨的君主，不能是这样的。现代社会的总统应该有顾问和专家，我们国家有很多这样的人才。这一切都写在了我们的纲领中，人民也将会监督我们兑现我们在纲领中对智利人民做出的承诺。因此，在这方面我并不胆怯。如果在遥远的将来我被选为总统，我个人也没有任何问题。"②

当谈及总统竞选，或者说是聂鲁达口中的"玩火"，他就不再像起初那样有所保留，而是激动起来："哪里都需要我。成百上千的男男女女流着泪拥抱我，亲吻我，我太感动了。圣地亚哥郊区的居民，科金博的矿工，铜矿里、沙

---

① 引自巴勃罗·聂鲁达的访谈《对我来说，写诗就像看或听》第 2 页。
② 引自丽塔·吉伯特对巴勃罗·聂鲁达的采访，第 1118—1119 页。

漠里的人,怀抱着小孩等我几小时的农民,从比奥比奥河到麦哲伦海峡,那些无依无靠的老百姓,他们所有人都在读我的诗,他们在雨中读着,在大街小巷读着,在令人瑟瑟发抖的南极来的寒风中读着。"①

过了几个月,人民团结联盟的各党派显然没有就推举一个共同的候选人达成一致的意见,党派之间关系紧张,一度出现了"紧张、脆弱、一触即发"②的形势。"如果我们不能选出一个共同的候选人,"诗人反思道,"我们将会遭遇一场大败。"③ 面对这样的情况,诗人曾经有过的满腔的热情也变成了深沉的担忧:"越来越多的人参加我的竞选集会,(他的回忆录里记载着)越来越多的女士前来参加。我怀着期待和恐惧开始考虑如果我当选共和国总统我要做什么,要知道这是个最落落寡合、最走投无路、最负债累累,还可能最不讨人喜欢的共和国。总统在任期的头一个月里备受拥戴,剩下的 5 年零 11 个月,不管他做得好不

---

① 引自《我坦言我曾历尽沧桑》第 459 页,巴勃罗·聂鲁达著,巴塞罗那:塞依斯·巴拉尔出版社,1985 年。
② 引自克瓦兰·路易斯回忆录《生活与战斗》第 117 页,圣地亚哥:罗姆出版社,1997 年。
③ 引自《我坦言我曾历尽沧桑》第 459 页,巴勃罗·聂鲁达著,巴塞罗那:塞依斯·巴拉尔出版社,1985 年。

好，都将受尽煎熬。"①

即便他承认智利诗人总是参与政治，他也明白"智利共和国从来没有过诗人总统。在拉丁美洲有过作家当总统。委内瑞拉的大作家罗穆诺·加列戈斯就当了委内瑞拉的总统"②。甚至罗穆诺从事文学事业要多过处理政府公务，但聂鲁达说："我并不认为，因为我是诗人就注定成不了共和国总统。但我也不认为当共和国总统是件令人愉悦的事，可既然工程师、实业家、律师、政客或是军官都曾或好意或恶意地掌握过政权，诗人也和他们一样有权利来治理这个国家。总之，我觉得诗人依靠他的人民，依靠每一个诗人都应该拥有的那种爱和正义的情感，就能履行好他的职责。"③

聂鲁达在解释他的竞选策略时，特别提到竞选活动"在圣地亚哥市中心，特别是在那些有成百上千居民的人口密集的大型街区开展。先架一个能踩上去的平台。首先有人在那儿唱民歌，然后竞选团队里的一个人上去介绍我们

---

① 引自《我坦言我曾历尽沧桑》第459页，巴勃罗·聂鲁达著，巴塞罗那：塞依斯·巴拉尔出版社，1985年。
② 引自丽塔·吉伯特对巴勃罗·聂鲁达的采访，第1115页。
③ 引自丽塔·吉伯特对巴勃罗·聂鲁达的采访，第1119页。

的竞选纲领,他说的话要仅仅局限于政治的内容。我和群众交流的话题则更加宽泛,也不要太有条理,要用一种更加诗化的语言。我几乎总是以诗歌朗诵来结束我的讲话,因为如果我不朗诵诗,人们就会败兴而归。当然他们也想听听我的政治观点,但是我不会过多地谈及政治或是经济的问题,因为我想他们需要的是另一种语言"[1]。

考虑到迟迟不能选出一个共同候选人,共产党中央委员会在1970年1月一致决定采取新的策略:撤去聂鲁达的候选人资格,重新启用萨尔瓦多·阿连德作为候选人。人们都承认阿连德是"一位有斗志、有名气,又有威信的政治家,他有很长的从政经历,又矢志不渝"[2]。然而,那时有些人觉得他在总统竞选中屡战屡败,"他注定要失败的,他就是个天生的输家,是时候推选一个新人了"[3]。一些评论家举例佐证这种失败论的观点,说阿连德甚至都没有迈出关键一步,也就是当选自己党派的中央委员会成员。他

---

[1] 引自丽塔·吉伯特对巴勃罗·聂鲁达的采访,第1115—1116页。

[2] 引自克瓦兰·路易斯回忆录《生活与战斗》第117页,圣地亚哥:罗姆出版社,1997年。

[3] 引自《不受欢迎的人》第199页,豪尔赫·爱德华兹著,圣地亚哥:丰泉出版社,2006年。

们借此勾勒出一幅"这个男人不光经受着美国政治上和军事上的打击,现在还面临着社会党内部同志们的攻击"①的画面。

并非聂鲁达对阿连德有什么个人的反感和不悦,而是舆论中确实有种普遍的态度认为,阿连德前三次的失败经历足够说明,应该考虑换其他总统候选人了。聂鲁达思考过这个问题,并且向许多人表示过:"一个像卡洛斯·瓦萨洛这类型的人会是总统竞选的绝佳人选。或许他就是国家现在所需要的。他是个很好的政治家,诸位别不相信……"②聂鲁达发觉这样的观点并没有惹恼风暴中心的阿连德,也没有激怒他的党内同志,于是他在对选举的进一步猜测中表示:"眼下另一个不错的人选是加布里埃尔·巴尔德斯·苏伯卡索。"③ 豪尔赫·爱德华兹说那时的诗人开始"完全

---

① 引自《阿连德:作为政客,作为个人——一段私密回忆录》第173页,厄兹伦·阿尼奇著,2012年。
② 引自《不受欢迎的人》第200页,豪尔赫·爱德华兹著。
③ 人民团结联盟政府时期的社会党总书记卡洛斯·阿尔塔米拉诺回忆说,阿连德在试图与基督教民主党达成和解时,承诺当选后向该党派的成员提供三个部长职务。其中一项部长任职便是给加布里埃尔·巴尔德斯·苏伯卡索的。见《与卡洛斯·阿尔塔米拉诺的谈话》第249页,加布里埃尔·萨拉萨尔著,兰登书屋,2010年。

明白"①：即便他欣赏阿连德，高度评价阿连德的勇气和政治经验，他也认为阿连德第四次竞选总统没有多少胜算。不同于过去的竞选，60年代末社会党领导人已经和古巴革命以及古巴的领导人都有了密切的联系。1966年7月，古巴粗鲁地向国际社会发表了一封古巴知识分子的公开信，文中指责了聂鲁达缺乏政治承诺。这引起了诗人强烈的愤怒，他对此予以断然否定。爱德华兹补充说，"这封信深深伤害了聂鲁达"，因此诗人不但再也不去古巴，而且"再也没有和签署公开信的知识分子有任何往来"②。甚至偶尔看到某个公开信签署者的名字，他都要痛骂几句。③

人民团结联盟要选出单一候选人，被提名的除了阿连德和聂鲁达，还包括其他候选人，他们是联合人民行动党

---

① 引自《不受欢迎的人》第201页，豪尔赫·爱德华兹著。
② 引自圣胡安·马丁内兹的文章《我生活在审查制度下》（网址：http://www.babad.com）。
③ 在1968年乌拉圭出版的《英雄事业的赞歌》第三版的前言中，聂鲁达称古巴作家和信的签署者为"文学界的该隐"。见《巴勃罗·聂鲁达全集》中胡安·卡米洛·洛卡所作的前言第127页，圣地亚哥：南美出版社，2000年。或见诗人于1970年8月4日写给学者埃尔南·洛约拉的私人信件，其中他提到公开信的主要编辑之一罗伯托·费尔南德斯·雷塔马尔，称他为"革命的渣滓，一个懦弱、肆无忌惮之人"。此信附件收藏于聂鲁达基金会档案库（通信部分）。诗人在《我坦言我曾经历沧桑》中提到了这件事，第441—446页。

的雅克·琼科尔、激进党的阿尔贝托·巴尔特拉,以及独立人民行动党和社会民主党的拉斐尔·塔鲁德。1969年12月22日,这些政党通过了《人民团结基本政治纲领》,表明了他们一致的意愿。最终在1970年1月22日,单一候选人的人选又回到了萨尔瓦多·阿连德。但正如之前所言,走到这一步并不容易,绝非一帆风顺。在党内,不但有批评的声音质疑他的"智利社会主义之路"的纲领,而且中央委员会也有推举另一位党员阿尼托·罗德里格斯的打算。阿尼托在社会党全体会议上表现出的拉票能力让他得到了青睐。尽管最后中央委员会还是倾向于选择阿连德,但弃权票超过了同意票,这无疑是对这位社会党领导人的极大侮辱。[1] 聂鲁达得知这个消息时人在黑岛,他正和豪尔赫·爱德华兹一起收听广播。据爱德华兹说,聂鲁达关掉了收音机,什么也没说。虽然没有感到意外,但他"似乎对所发生的事情一点也不满意"[2]。然而,既然党组织已经重新选择了社会党参议员,那么他就会和联盟里的其他人

---

[1] 引自2003年8月14日发表在智利《第二报》副刊《阿连德Ⅲ》第13页的文章《武装力量的目的》。
[2] 引自《不受欢迎的人》第204页,*豪尔赫·爱德华兹著*。

一样，履行支持阿连德的职责。

阿连德的胜利；相拥欢呼

1970年4月至7月间，聂鲁达和他的妻子访问了欧洲的巴黎、莫斯科、伦敦和意大利，并在委内瑞拉和秘鲁做了短暂的停留。那时，阿连德的总统竞选活动紧锣密鼓地展开，他到各地竞选，参加集会，并和其他总统候选人进行辩论。阿连德代表左翼，拉多米罗·托米奇代表中间立场，豪尔赫·亚历山德里为右翼代表。他们每个人都为推广自己的观点设计了竞选活动，但在活动中不乏对另外两位竞选者的指责。他们认为无论另外二人中哪位当选都会给智利社会带来危机，导致社会的倒退。阿连德在竞选中主张对社会主义的和平过渡，"在智利的社会主义道路上，弥漫着面包和红酒的香气"，但他的观点遭到了右翼的炮轰。这样的批评甚至在向来对左翼思想秉持开放态度的基督教民主党内都十分流行。一位颇有影响力的记者在参加了阿连德的竞选活动后决定支持阿连德，他解释了其中的原因："因为他孤身奋战，因为昨天他坚持完成了一场令人感伤的宣讲,他一生都在为人民工作,却没有得到他的人民的回应。"①

阿连德的总统竞选活动结束后,聂鲁达也结束了在欧洲的旅行,他一回到智利就以个人的名义支持阿连德的竞选。他回顾了阿连德在全国上下做出的努力,还提到了加夫列拉·米斯特拉尔坚持不懈的对抗贫穷的斗争,以及在智利作家和知识分子不受重视的状况。他说这样的情况将会得到改变,因为"作家和艺术家们终于迎来了一位真正的朋友,甚至可以说在智利政府里有了一位亲人"。他紧接着忆及一次去米斯特拉尔的墓地悼唁的经历,感叹这位女诗人所遭受的贫困和辱没至今依旧存在:"那天晚上,看到那些赤脚的女孩站在女诗人出生的土地上,我们不禁扪心自问,还有多少个加夫列拉赤脚行走在这座城市,行走在祖国的城市、村庄、山脉和港口?"② 最后他坚定地认为,一旦阿连德当选总统,这个国家饱受诟病的问题都会得到解决。

---

① 引自1998年的评论文章第44页,弗吉尼亚·维达尔作。
② 萨尔瓦多·阿连德竞选的闭幕词,1970年冬季。见《巴勃罗·聂鲁达全集》第四卷,第294页,赫尔南·洛约拉编,加拉西亚·古腾堡出版社和读者俱乐部合作出版,2001年。

最终在1970年9月4日,阿连德以36.6%的得票率获胜,亚历山德里以34.9%的得票率紧随其后,托米奇的得票率为27.8%。在获得胜利的那天晚上,"从意大利广场到智利大学,拉斯德利西亚斯大道上,都挤满了人"。获胜的候选人在一个极具象征意义的地点向人群发表讲话,他选择了学生联盟的阳台,仿佛选择那里是上天注定的。①这是他热爱的学生联盟,他曾在这个地方发起了那么多的辩论和抗议,并且在20年代末担任联盟主席。"我们欣喜若狂,"一位参加胜利之夜活动的公民说道,"而落选的他们恼羞成怒。"② 当晚这位社会党领导人指出:"人民

---

① 阿连德与智利大学的密切关系在其他领域也有体现:"我必须承认(他在某个场合提到)我是双重身份的运动员,因为我既是U的领袖,又是蓝队球迷,但现在很荣幸我两个队都加入了。"萨尔瓦多·阿连德在莫内达宫与科洛科洛队的球员的谈话,见刊载于1973年4月4日《阿连德面面观》第119页的文章《克拉伦》。诗人也与智利大学保持着密切和长久的关系。除了他20年代在那里学习建筑和教育学,并积极加入了智利学生联盟FECH之外,他在研究中心举办了许多与诗歌相关的活动,如演讲、座谈和纪念活动。1954年6月,他向智利大学捐赠了5000册图书和一批珍贵的海螺贝壳收藏品。当他与作家、知识分子和国外的组织交流时,他总是将智利大学视作典范。1962年3月,他受聘为哲学和人文学院学者。在他去世以前,该院院长整理了诗人心心念念的"坎塔劳"文化项目的目录。此处鸣谢费利佩·阿拉维纳·加尔韦斯为这条注释提供的信息。
② 引自《聂鲁达传》第447页,沃洛迪亚·泰特尔博伊姆著,阿尔巴塞特:梅拉出版社,2003年。

是这场胜利的关键角色,我对于自己和对于人民的承诺就是真正做到对集体和公共事务尽心尽责。"① 他还在讲话中承认他"很高兴人民政府诞生于属于年轻人的学生联盟之中"②。

然而,尽管在这次竞选活动中左翼力量表现得团结一致,共产党也全心全意地予以帮助,曾经的总统候选人聂鲁达在得知总统组阁提名时还是倍受打击。9月5日,也就是阿连德成功当选的第二天,正如之前所提到的,一位共产党的高层代表十分神秘和罕见地,并且是在完全没有对外公布的情况下,在老卫兵街的总统官邸中拜访了新上任的国家领导人。这位代表表达了对总统的祝贺,承诺将支持新政府的纲领和行动。在他回到中央委员会并报告了这次谈话以后,聂鲁达警惕地发觉,高层代表这次对总统官邸的拜访是因为社会党要求新上任的总统在部长的任命中"有三个部门是绝不能由共产党员来负责的"③。这三个

---

① 引自克瓦兰·路易斯回忆录《生活与战斗》第121页,圣地亚哥:罗姆出版社,1997年。
② 引自《与阿连德在一起的四分之一个世纪》第239页,奥斯瓦尔多·普乔著,圣地亚哥:广播出版社,1985年。
③ 引自克瓦兰·路易斯回忆录《生活与战斗》第125页,圣地亚哥:罗姆出版社,1997年。

部门就是内政部、外交部和国防部。即便在近几十年共产党和社会党的分化和决裂中也不曾见过这样的秘密要求,它让共产党大致了解了这位人民团结联盟的总统在新一届政府的人选和政策方向上的决定。

外交任务

阿连德上任后在国内外的期待声中坚定地推行深层次改革,同时坚决尊重民主法制,严格遵照政府的纲领行动。聂鲁达表示他想被委派一个职务,好让他在岗位上发挥作用,于是总统安排他担任驻法大使。聂鲁达愿意远赴法国,这就算不是在向新上任的长官表忠心,也体现出他遵守党的纪律,服从组织的安排的态度。虽然只是参与外交事务,但这个决定说明了聂鲁达将和新一届政府合作。只是其中也有个人的原因:此前聂鲁达的妻子发现了聂鲁达的婚外情,而在他妻子看来,"结束那段感情唯一的方法就是让他离开,如果是因公务出国就更好了"①。但是玛蒂尔德错

---

① 引自《聂鲁达的旅行纪要(1927—1973)》第 165—168 页,亚伯拉罕·克扎达·维尔加拉著,2004 年。

了，她为两人设置的距离并没有阻止这一段恋情。①

在前往法国任职的途中，他乘坐意大利船"奥古斯都号"在里约热内卢靠岸。在那里，当被问及新政府的意识形态性质的时候，诗人回答说他并不认为"阿连德政府是社会主义性质的，因为有五个党派的成员组阁，其中还包括有基督教信仰的成员……（不如说这是一个）服务于人民的、多元包容的、绝对民主的政府"。诗人还补充说，人民团结联盟的五个党派共同执行的政府纲领是"真正民主的纲领"，特别体现出了"对于媒体的极大尊重，许多广播电台在激烈地反对政府，但是都没有受到任何报复，从这一点就可以看出这种尊重"②。

聂鲁达在法国首都巴黎担任大使伊始，便撤下了一批"前政权时期"的代表的肖像，其中不少已经显得非常不合

---

① 1971年7月5日，阿莉西亚·乌鲁蒂亚在聂鲁达67岁生日之际，从智利向法国寄出信件，她这样写道："巴勃罗，我的爱人，我希望这封信在7月12日，也就是你生日的那天送达。巴勃罗，我的爱人，希望你幸福。无论你身在何处，无论与谁在一起，无论白天黑夜，我都感到幸福，因为我会想起你，我的灵魂会牵挂你。我的心常含暖意，因为它是如此爱你、思念你。我的爱人，我吻你，我抚过我爱的你的身体的每一处。我的爱人，爱啊，爱啊，爱啊，我的爱人，你的阿莉西亚爱着你，她爱着你。"见《聂鲁达的旅行纪要（1927—1973）》第35页，亚伯拉罕·克扎达·维尔加拉著，2004年。
② 引自1971年3月11日的《最新消息》第20页。

时宜。就这样，前大使加夫列尔·冈萨雷斯·魏地拉、华金·费尔南德斯、卡洛斯·莫拉·林奇等人的肖像被摘下，代之以贝尔纳多·奥希金斯、何塞·米格尔·卡雷拉、何塞·曼努埃尔·巴尔马切达、路易斯·埃米利奥·雷萨巴伦、佩德罗·阿吉雷·塞尔达的肖像，当然也少不了他的朋友阿连德总统的肖像。

聂鲁达上任以后，捍卫人民团结联盟政府就成了他的首要任务。一方面，他要坚定地维护阿连德政府，另一方面，他要与法国政府就智利的外债和出口铜的禁运问题进行艰难的谈判。这样，智利驻巴黎大使馆就承担着维护智利政府，宣传政府纲领的重要任务。

总的来说，他的工作就是要加强智利和法国在各个方面的联系，并且要十分关注媒体的报道。很快当地报纸就非常关注所谓"智利经验"带来的变化。法国媒体对此怀有好感，并表现出很大的兴趣。除了政治和经济事务，聂鲁达还关心两国的文化交往，这些文化领域的联系也有助于推广阿连德政府。因此，他委托艺术家罗伯托·马塔组织两个项目，"第一个项目是呼吁所有美洲的非洲和拉美混血的艺术家以及其他外国艺术家捐赠作品，来建一个博物馆"，第二个项目则源自阿连德的一个想法，他"打算在1973年或1974年初，搞一个国际文化大会"。

聂鲁达在法国的另一项艰巨的任务是支持智利正在进行的改革。1971年7月16日，智利国会进行宪法改革，批准铜的国有化。聂鲁达邀请记者到大使馆，向他们解释该法案的细则、含义及重要性。到场的有来自法国《世界报》《人道报》《快报》《法兰西晚报》的代表以及一位《纽约时报》的记者。1971年11月10日至12月4日，菲德尔·卡斯特罗对智利进行了长时间的访问。身为大使的聂鲁达不再计较1966年古巴作家对他的大肆攻击，于12月策划了一场支持人民团结联盟政府的宣传活动，还在活动上播放了卡斯特罗访问智利的影像资料。法国当局、法国新闻界和广大民众都受邀出席了这次活动。

活动上，聂鲁达大使发表讲话，回顾了智利人民反对帝国主义的斗争，介绍了人民获得的解放，强调了菲德尔·卡斯特罗到访智利的重要意义，解释这次访问增进了人民之间的联系和团结并推动了拉丁美洲国家的变革。最后，他衷心地向阿连德总统领导的政府致敬，赞扬其取得的进步，"在短短一年多的时间里，阿连德政府在人民解放的道路上大步前进"[①]。

---

① 巴勃罗·聂鲁达大使一篇1971年的未发表的文章《金子和鲜血》，亚伯拉罕·克扎达（2007），《聂鲁达》杂志第四期，第25页。

人民团结联盟政府受到的外部攻击主要来自美国银行。因此,聂鲁达十分关注与美国银行的金融关系。智利的信贷额度被关闭,导致 1971 年 11 月初智利的国际储备水平接近于零。这时,圣地亚哥方面宣布决定在"巴黎俱乐部"重新进行谈判。阿连德政府根据国家的财政情况,制定了新的战略,那就是接近欧洲国家以寻求支持,而驻巴黎大使馆的工作就是此项战略的根本。最先采取行动的是聂鲁达和作家豪尔赫·爱德华兹。法国官员们都感到十分意外,他们说,"进行智利外债谈判的竟然是一位诗人和一位小说家"[1]。他们希望为支付外债获得更长的时间和更优惠的条件,他们还要确保谈判经过技术性的分析,并避免美国向智利提出的要求对欧洲谈判产生不利的影响。正如聂鲁达多次察觉到的,人民团结联盟不可思议地认为,他们需要资本主义社会来帮助他们走上"智利社会主义道路"。大使馆进行了密集的游说工作,良好地维护了智利政府的立场,这使得"巴黎俱乐部"同意推迟 70% 本应在 1972 年还清的,也就是 1971 年和 1972 年两年的债务的偿还。要不是事先主动进行了政治干预,特别是多亏了聂鲁达领导代表

---

[1] 引自《不受欢迎的人》第 249 页,豪尔赫·爱德华兹著。

团展开工作,同时与阿连德总统就该问题和其他事项始终保持着直接联系,否则这一切都不可能做到。

但外债并不是唯一的问题。美资铜业公司被智利政府国有化后,获得赔偿的权利得不到承认,于是这些公司的所有者求助西欧法庭,要求对智利的铜实行禁运。豪尔赫·爱德华兹说当时大使馆的想法是"和美国协商,支付一部分被国有化的企业的建设费用"。不同寻常的是,据爱德华兹所言,这也是阿连德本人的想法。对此聂鲁达在信件中评论过,虽然最终占上风的还是"那些期冀一举实现政党纲领中全部目标的最高纲领派,哪怕看起来他们的想法和外交部完全相左"①。

1972年6月,面对媒体对聂鲁达健康状况的流言蜚语,阿连德总统亲笔写信给聂鲁达,表达了对他身体状况的担忧,暗示诗人或许可以考虑稍事休息,回到故土见见他的亲友。与此同时,他没有等聂鲁达的回信,而是秘密地派出使者到法国了解诗人真实的健康状况。阿连德通知

---

① 引自《智利与世界(1970—1973)》第418页,华金·费曼多易斯著,圣地亚哥:智利天主教大学出版社。后来知道阿连德的确寻求和美国政府直接接触来解决这个问题,他曾派了密使,即智利太平洋钢铁集团公司经理弗拉维安·雷韦内(他也是聂鲁达的朋友)去见亨利·基辛格。基辛格听了他的陈述后"冷冷地、斩钉截铁地说,已经晚了"。

正在古巴参加会议的司法部部长塞尔吉奥·因松扎,委托他立即"前往巴黎会见聂鲁达"。①

1972年11月,在返回智利的前几天,聂鲁达以个人名义直接向总统致信,表达了他对这场美国企业引发的争议的看法:"第一点是我们要保持理性,因为我们有充分的权利;第二点是我们要使这些权利得到人们的承认。"他提醒要注意法国的司法流程和判例,说那些流程都是"固定的,非常保守",他还强调此次事件的真实目的在于"削减美国在智利的企业的超额利润"。他紧接着陈述了在法国进行的最高级别的行动,补充道:"完全关闭将来能解决问题的通道是非常危险的。我们可能会因此陷入进退两难的局面。"因此,我们应该"预见那些我们尽管不满意,却能在未来帮我们解决这个大问题的办法"②。

圣地亚哥方面给大使馆的指示是智利国家的司法权不可侵犯,不要对此问题进行深入的探讨。诗人抱恙在身,仍然出席了几乎每一场关于禁运问题的辩论会。情况没有

---

① 参见《诗人最后的日子》,阿依达·费格罗阿(塞尔吉奥·因松扎的遗孀)作,2013年3月30日智利《水星报》周六刊。
② 引自巴勃罗·聂鲁达1972年11月3日从巴黎给萨尔瓦多·阿连德寄出的信件。见本书附录。

任何进展,铜依旧没有送达欧洲,更没有卖出。这让诗人十分焦虑。在聂鲁达大使给总统的那封信中,他表现了内心深深的不安:"我不得不去想,如果我们就如布拉登打算的那样,长期被禁止向国外出售铜,那么我们是否还能继续我们的革命。"谈判一直在继续,到1973年3月还为此开过多场会议,但直到这一年的9月突如其来的民主政体的崩溃后,协议才最终得以达成。聂鲁达怀着要圆满完成国家托付的政治、外交任务的信念,在使馆前线工作了近两年。两年后的1972年11月21日,在一些紧张筹备工作结束后,疲惫、抱病、思乡情切的聂鲁达终于带着他的诺贝尔文学奖回到了智利。

获得诺贝尔文学奖

和前任总统的想法一样,阿连德也很希望聂鲁达获得诺贝尔文学奖。聂鲁达在文学上所达到的高度已经让他成为诺贝尔文学奖毫无争议的人选之一,但诺贝尔文学奖不仅是对一位杰出的作家的认可,还是对智利的国家形象和名誉的认可,对智利革命政府的认可。为了相似的目的,佩德罗·阿吉雷·塞尔达曾在30年代后期与加夫列拉·米斯特拉尔合作，后来爱德华多·弗雷·蒙塔尔瓦也或多或少地帮助过聂鲁达①。同样基于这个考虑，这位社会党的国家元首才会批准聂鲁达在欧洲的首都之一，像巴黎这样的地方担任大使，这让他能在欧洲这个"旧世界"的文化界和艺术界获得一定的曝光度和知名度。

这可能是一条通往胜利的路，因为曾经就有人这么走过。危地马拉人米盖尔·安赫尔·阿斯图里亚斯②在1966年受命担任驻法大使，第二年就受到了瑞典文学院的垂青。在政治上天性狡黠的阿连德不会没有考虑到这场策划的另一个关键角色——瑞典。阿连德派出路易斯·恩里克·德拉诺担任瑞典大使。他是个值得信赖的人，既是作家也是共产党员，在西班牙内战时期就和当时在马德里使馆效力的聂鲁达是很好的朋友。阿连德的安排在这时就体现出了作用——在1971年瑞典文学院公布诺贝尔文学奖获得者的

---

① 关于爱德华多·弗雷·蒙塔尔瓦政府为聂鲁达赢得诺尔奖所做的努力，参见巴尔塔扎尔·卡斯特罗在1983年出版的著作《他们叫他小巴勃罗》第63—71页，圣地亚哥：塞罗·惠伦出版社。
② 米盖尔·安赫尔·阿斯图里亚斯（Miguel Angel Asturias, 1899—1974），危地马拉著名小说家、诗人，1967年诺贝尔文学奖获得者，代表作《总统先生》。——译者注

二十四小时前,身为大使的德拉诺就向圣地亚哥发出了一条信息,上面写道:

> 使馆得到的机密信息显示明日诺贝尔奖将颁给聂鲁达。信息未获确认,请诸位严格保密。①

诗人急切地想要知道瑞典方面的决定是情有可原的,特别是这一年的结果预测和一波波的流言都指向他是最可靠的赢家,他想知道结果也是出于想给阿连德总统一个交代。因此在决定公布前几天,他鼓起勇气联系了他在瑞典文学院担任委员的朋友阿图尔·伦德奎斯特,要他帮个特别的忙:"我想求你一件事,如果今年的得主真是我,我希望比媒体早知道。萨尔瓦多·阿连德和我一起奋斗了这么久,我想第一个告诉他。他会很高兴第一个收到这个消息的。"②

1971年10月21日一早,喜悦的时刻终于到来,诗人

---

① 1971年10月20日,智利驻瑞典大使馆发送给智利外交部的电报,收藏于智利外交部历史档案馆。
② 引自《我坦言我曾历尽沧桑》第415页,巴勃罗·聂鲁达著,巴塞罗那:塞依斯·巴拉尔出版社,1985年。

在巴黎直接向元首致电。阿连德当天也通过国家广播电台，不但表达了他对这个"非凡而重要的荣誉"[1] 及诗人所拥有的文学成就的肯定，而且借此机会邀请他到智利参加11月4日人民团结联盟政府成立一周年的纪念活动。他补充说，"这么多年以来我一直和巴勃罗参与人民阵线的斗争，这次他获得这个荣誉，我更有理由为之感动"[2]。

捍卫人民团结联盟政府

由于他的健康状况和他准备参加诺贝尔文学奖颁奖仪式，以及工作上的紧急事务，聂鲁达无法如期回到智利。直到第二年，也就是1972年，他的返乡之旅才成行。聂鲁达回到智利后，人们在国家体育馆为他举办了庆祝仪式。随后，他因为健康问题不得不回到黑岛的家中休息。他的病痛让他不得不辞去驻法大使的职务，还迫使他休息并接

---

[1] 引自萨尔瓦多·阿连德总统的演讲，刊载于1971年11月《文学工作室》杂志，第116—117页。
[2] 引自罗丝·玛丽·格拉普2003年所作文章《怀念聂鲁达：奥顿希娅·布希·德·阿连德讲述丈夫阿连德与诗人的友谊》，刊载于智利《笔记》杂志第54期，第11页。

受治疗。尽管如此,只要一有可能,他还是毫不犹豫地维护他一直深深信任的阿连德总统的行政纲领。

1973年,也就是阿连德政府执政的第三年,智利进入了严重的财政紧缩时期。这一时期国内物资短缺,生活必需品供应不足,智利政府受到来自反对派的各种各样的压力,社会因此动荡不安,暴力事件增多,工会瘫痪。在国际上,白宫方面也不断施加压力。此时已经是2月中旬,而对于反对派来说,即将于3月举行的议会选举至关重要,因为假如他们获得多数票,就能通过起诉罢免总统。在这样的情况下,聂鲁达决定重新回到公众视线去做他最擅长的工作——写诗、访谈、宣讲、向共产国际请求声援,让人们听到他的声音。他一鼓作气出版了诗集,为那个特别的政治事件创作了名为《鼓动刺杀尼克松并赞美智利革命》的诗作。他赞颂智利社会取得的成绩,赞美正在推行的改革进程,像是铜矿的环境修复、农业改革和银行国有化改革。他还指责了美国政府干涉他国内政的行为,评价美国总统是"两手沾满鲜血的总统",是"种族屠杀的罪人",他还揭露了美国在越南的所作所为以及美国中情局和国际电话电报公司在世界范围内进行的秘密活动。

后来,他又为维护政府策划了其他的行动。随着矛盾愈加激化，聂鲁达通过广播和电视发出新的号召。这一次他在《纽约时报》上刊登了一篇名为《水门：你们说，是什么丑闻?》的评论文章。① 文章中，他再一次揭露了美国干涉别国内政的问题。在他看来，美国国内爆出这样的丑闻一点也不令他感到奇怪。他在这篇文章中表达的看法与诗人此前在公开或私人场合表达的态度是完全一致的，而这些观点也反映在上面提到的诗集中。②

1973 年 5 月底，他录制了电视讲话，主张捍卫政府、避免内战。6 月，他还接受了采访，这也是他生前接受的最后几次采访之一。他在 6 月初接受访问时，曾借机向拉丁美洲所有知识分子发出号召，强调他的讲话"当然最重要的是为了唤醒群众，但也是为了唤醒知识分子，让他们知道我的国家发生了什么。我向拉丁美洲和全世界的作家、艺术家发出呼吁。我们的形势相当严峻。我把智利比作沉默的越南，这里没有炸药，也没有炮弹。但除了汽油弹，他们动用了一切武器来对付智利。我们此刻面对的是一场未经宣战的战争……（在指出这一切的始作俑者是理查

---

① 参见 1973 年 7 月 20 日《纽约时报》第 31 页。
② 参见《聂鲁达：未发表的一篇文章》，智利《文学》杂志，亚伯拉罕·克扎达作，圣地亚哥，2010 年 4 月，第 4 页。

德·尼克松后,他强调了社会党领导人在智利社会正在经历的变化中发挥的领导作用。)拉丁美洲的人民很快就会意识到智利报业正在试图煽动一场反对政府的运动,阿连德总统和他的人民团结联盟政府勇敢地领导了一场事关国家变革的关键运动……我们的确可以骄傲地说,阿连德总统遵守政府纲领,没有丝毫违背当初对人民做出的承诺,出色地担当着人民领导者的角色。但是我们也面临着一些威胁……"

最后,他指出他的立场众所周知,虽然他更喜欢谈论文化生活问题。诗人的语气让人想起他在《西班牙在我心中》这部诗集里的那些战斗心声:"智利现时的状况令人心碎,它影响了我的家庭,影响了我的工作。我别无选择,只能参加伟大的斗争。很多人会问:'这要到什么时候!'为什么我还要谈论政治?现在我是不是应该安静一下?可能他们说的有道理,但我无法理直气壮地说,'到此结束吧'。我本来已经可以退休了,可以回到我的宿营地。但是我没有宿营地,只有战场!"[①]

[①] 引自玛格丽塔·阿吉雷对聂鲁达的采访《巴勃罗·聂鲁达,美洲人》。见布宜诺斯艾利斯的杂志《危机》1973年第94期,第329—331页。

黑岛会面

尽管背负着沉重繁冗的政治任务,又面临着错综复杂的政治形势,阿连德总统还是三次抽空访问了诗人。第一次会见是在 1972 年 11 月 26 日,阿连德乘坐的直升机降落在诗人黑岛家旁边的足球场上,他来到黑岛这个中部海岸温泉疗养地,自然也受到了当地人的欢迎。

一位当事人回忆道:"1972 年的一天早上,阿连德在瓦尔帕莱索办完新家落成的仪式以后,就打电话要我陪着他一起去见聂鲁达。很快电报就发来了,聂鲁达确实在家,我们乘上了直升机,中午就到了他家。玛蒂尔德招待了我们,巴勃罗打着领带,穿了三件套的西装,就坐在落地窗前的扶手椅上。他看起来有点病恹恹的,倒是酒兴不减,叫人去找了瓶上好的红酒一起喝。我们吃了海鲜煎饼和一些小点心。他们两个都非常健谈,聊得很愉快。这也是我最后一次看见他们在一起。(这位当事人还补充说)他们惺惺相惜,很信任对方。"[①]

---

① 引自塞尔吉奥·乌斯科维奇的证词《阿连德,全面评价》第 12 页。

国家元首阿连德还告诉他,12月5日将会举办一个庆祝活动,庆祝诗人回国和前一年荣获诺贝尔文学奖。但他本人因为要去国外访问,不能参加。这或许将是诗人最后的几次公开露面之一。这次是朋友间的会面,但谈话的内容不久就转到诗人在巴黎大使馆的工作上来。他们讨论了智利外债谈判的情况、铜禁运的问题以及智利正在制定的策略。在某种意义上,这一次谈话是同年11月3日聂鲁达大使从巴黎给总统的那封内涵深刻、十分有价值的信件内容的延续。在信中,正如前文所提到的,聂鲁达大使联系实际分析了迄今为止在铜禁运和超额利润问题上所奉行的政策。

聂鲁达十分关心这件事,又考虑到他作为人民团结联盟政府驻法大使仍然有责在身,会面的同一天他向正在巴黎大使馆工作的朋友豪尔赫·爱德华兹发了一封信,信中没有明确表达他是否支持官方的说法,官方的说法是如果美国公司在20世纪开采智利铜矿时赚取了超额利润,那么一旦如美国人所要求的,智利为国有化改革支付赔偿,这一部分超额利润是需要扣除的。他告诉豪尔赫:"有趣的是阿连德今天吃午饭的时候和我谈起这个问题,说国防部长关于超额利润的提法一点道理都没有,倘若他说的没道理,我们更没戏了。不知道他是怎么想的!"①

由于诗人的健康每况愈下,他逐渐降低了离开黑岛出外访问的频率。因此,1973年2月2日,阿连德总统来到中部海岸看望聂鲁达。这一次由他的妻子奥顿希娅·布希和他的空军副官罗伯托·桑切斯陪同。总统受到了当地居民的欢迎,关切地询问了诗人的身体状况。和往常一样,寒暄过后他们又进入了政治话题,分析了即将在3月举行的议会选举中人民团结联盟获胜的可能性。诗人向总统介绍了他将要出版的新书《鼓动刺杀尼克松并赞美智利革命》,并朗读了其中的段落。他认为这本书揭露和批判了美国政府干涉智利内政的问题,对于选举会有帮助。

据在场的人回忆[2],总统听了这些话深受触动,问诗人觉得在发表此言后还能否继续担任大使。聂鲁达当即借机告诉总统,他决定辞去大使职务。三天后他再次通过信件明确了他的请求:"我写此信是为了辞去近两年来我所担任的智利驻法大使一职。我在当初受此高职时,就曾向你

---

① 引自1972年11月26日聂鲁达从黑岛给豪尔赫·爱德华兹的信件。见《聂鲁达的旅行纪要(1927—1973)》第121页,亚伯拉罕·克扎达·维尔加拉著,2007年。
② 引自《聂鲁达传》第476页,沃洛迪亚·泰特尔博伊姆著,阿尔巴塞特:梅拉出版社,2003年。

表明我不想长时间远离故土。现在我又回到智利这片非凡的土地，我确信自己想永远留在这里。"总统结束了第二次对诗人的拜访，告辞之际向他转交了莫内达宫的工作人员们要送给他的纪念品，"是置于木头底座上的聂鲁达和加夫列拉·米斯特拉尔二人的金属雕像"①。

聂鲁达向豪尔赫·爱德华兹告知了这次与总统的会面，他又谈到了棘手的禁运问题，考虑到对此问题各方所持的不同态度后，他提出建议："铜的问题，因为诺沃亚将要接手处理，我觉得你应该和我一样尽量别参与，这样才不会在政治问题上产生矛盾。你得把我的话牢牢记住。"②

一位参加了这次会面的人说，这次会面是"亲密而又真诚的"，他们在会面中都"沉浸在回忆之中，充满欢笑"，阿连德始终用兄弟般的、意味深长的目光注视着诗人。阿连德说他很久之前就准备了一份特别的礼物，是一块"不知道怎么就到了他手上"的诗人父亲的手表，虽然他给落在圣地亚哥了。当他问诗人是不是还记得这块表，后者流

---

① 引自 1973 年 2 月 3 日《库里科副刊》第 7 页。
② 引自 1972 年 2 月 18 日聂鲁达从黑岛给豪尔赫·爱德华兹的信件。见《聂鲁达的旅行纪要（1927—1973）》第 121—129 页，亚伯拉罕·克扎达·维尔加拉著，2007 年。

露出怀念之情:"怎么会不记得?我上学的时候典当了它估计有百来次。"①

阿连德的第三次黑岛之行是在 1973 年 7 月 12 日。这天是诗人 69 岁的生日,这也是他们二人的最后一次见面。这次会面有双重的复杂意义。从政治社会层面上来说,这时候形势已经明显恶化了,不仅是社会大局日趋动荡,食品供应短缺也逐渐加剧;失业、暴动、政变流言都让政府惴惴不安。从个人层面上说,致命的癌细胞悄悄地扩散,因此诗人不得不继续他在法国和苏联曾接受的癌症治疗,多次到阿连德从医时期熟悉和信任的瓦尔帕莱索的卡洛斯·范布伦医院接受放射治疗。阿连德妻子回忆道:"我们最后一次拜访他,是乘直升机从圣地亚哥到黑岛的。那是 1973 年 7 月 12 日。巴勃罗有病在身,但是他坐在大床上看着海,整天都挺精神,也挺开心的。他甚至还和我们谈了他为庆祝七十大寿做的准备。"② 这一次陪同总统夫妇访问黑岛的是格拉迪斯·马林、沃洛迪亚·泰特尔博伊姆、

---

① 引自沃洛迪亚·泰特尔博伊姆 1973 年 2 月 4 日发表在智利《水星报》上的报道《总统之访》,第 9 页。

② 引自罗丝·玛丽·格拉普 2003 年所作文章《怀念聂鲁达:奥顿希娅·布希·德·阿连德讲述丈夫阿连德与诗人的友谊》,刊载于智利《笔记》杂志第 54 期,第 10 页。

路易斯·科瓦兰和一名马普切议员。

对奥顿希娅·布希来说,拜访诗人的家是愉快的,同年6月他在给聂鲁达的信中写道,"只要去你家我就很开心",她说这是因为"你们很会创造其乐融融的氛围"①。一年以后,奥顿希娅·布希再次回忆起那些会面,她特别提起:"我们经常在火车头旁边吃午饭……我们并排放上两三块木板,拼成一个大桌子,就坐在上面吃饭。"② 诗人甚至还为萨尔瓦多·阿连德的下一次黑岛之行腾出一间客房,阿连德当时就接受了。她本人这次来则是因为诗人想要办个纪念活动,来展出那些雕塑、模型和马上要建造的他非常喜欢并向往的文化项目"坎塔劳"。下一次总统来中部海岸的日子原本定于1973年9月11日,星期三。

8月底,情况越发糟糕,政变已成即发之箭。聂鲁达的一位朋友到黑岛拜访他,看见他躺在床上,似乎为可能发生的军人暴动忧心忡忡。"你名气太大了——我告诉他——他们不敢动你。你错了——他回答我——加西亚·

---

① 引自1973年6月14日奥顿希娅·布希给巴勃罗·聂鲁达的信件,见本书附录。
② 引自罗丝·玛丽·格拉普2003年所作文章《怀念聂鲁达:奥顿希娅·布希·德·阿连德讲述丈夫阿连德与诗人的友谊》,刊载于智利《笔记》杂志第54期,第8页。

洛尔卡是吉卜赛人的王子,你也知道他们对他做了什么。"①人民团结联盟政府的内政部长回忆起阿连德政权的最后几日,他看见总统"非常孤独和痛苦,我就明白了他为了避免政权崩溃、为了保住智利自由和多元的内核而提出的那些政策,明白了他所遭遇的困难和受到的不理解"②。

军人叛乱、人民团结联盟政府垮台、总统去世,一系列事件接踵而至。一位著名作家写道,"他还是维护着那个已经千疮百孔的制度,哪怕它已经崩溃到了不消一发子弹也会灰飞烟灭的地步"③。在不幸、痛苦和悲伤中,诗人和总统最终重聚了。总统身先士卒,鞠躬尽瘁,达到了他人无法企及的高度,而我们获得诺贝尔文学奖的诗人,在悲痛和沮丧之中为了信仰勇往直前。聂鲁达在走出总统、朋友和同僚的死讯带来的阴影之后,勇敢地拾起笔修改了他回忆录的最后几章,措辞激烈地谴责了军人政变和其背后的支持者们:"我飞快地在我的回忆录里写下这些文字——他决绝地写道——用三天的时间写下了把我们伟大的总统

---

① 引自克瓦兰·路易斯回忆录《生活与战斗》第205页,圣地亚哥:罗姆出版社,1997年。
② 引自卡洛斯·布里奥内斯的文章《长久的友谊》第4页,1987年。
③ 引自加西亚·马尔克斯《他们如何杀害阿连德》,美国:哈伯斯出版社,1974年。

阿连德同志推向死亡的数不清的事件。他被悄悄地杀害、偷偷地埋葬了；那个永垂不朽的生命在最后时刻只有他的妻子被允许陪伴。在杀人凶手们的口中，他奄奄一息的身体上满是自杀的痕迹；但外国媒体说的又是另一个版本——先是炸弹空袭，紧接着便是坦克的攻击，无数的坦克肆无忌惮地攻向一个孤独的人影，那就是共和国的总统，萨尔瓦多·阿连德。他在他的办公室里等待着，陪伴他的只有那颗勇敢的心，那颗心和他一起被卷入浓烟和火海中。"①

后来在9月24日，也就是诗人去世的第二天，军政府宣布了三天的国家纪念日，全国降半旗致哀。"我们很诧异——一位在寒冷而遥远的智利南部被关押的政治犯说道——因为从来没有因为有人去世而安排假日，我们便开始怀疑发生了什么会改变我们命运的事。我们让卡洛斯·约奎拉去求证去世的人是谁，于是他找到了印第安部落的酋长、领导印第安战争的长官'疯马'：

——长官，为什么他们要降半旗？
——因为有一个很重要的人去世了。

---

① 引自《我坦言我曾历尽沧桑》第475—476页，巴勃罗·聂鲁达著，巴塞罗那：塞依斯·巴拉尔出版社，1985年。

——是谁?

——我不知道,好像是个有名的音乐家。

——音乐家?——约奎拉感到纳闷——哪位音乐家?

——聂鲁达好像就是这么称呼他自己的。"①

在人民经历了共和国总统死于办公室的悲恸过后,获得诺贝尔文学奖的诗人聂鲁达也于在首都接受治疗两天后离开了人世。就这样,智利的一个历史时期宣告结束。这个时期开始于二三十年代,那时总统和诗人都才刚刚开始认识社会,学习掌握政治武器,为了能在将来开启一段独一无二的有关国家与人民的冒险。智利重新定义了一条与众不同的发展道路。阿连德和聂鲁达不懈努力,以极大的决心和魄力,帮助推动了智利的政治和社会发展,这最终重新定义了每个智利人的生活。

尾 声

对于本书开头的那些疑问,一个可能的解答就是他们

---

① 引自塞尔吉奥·比塔尔《道森,10号岛》第62页,圣地亚哥:佩胡恩出版社,2009年。

二人虽然家庭背景和社会出身不同，个人的天赋与能力也有差异，但是他们在成长过程中的很多方面有着相似的轨迹。一方面是他们教育背景类似，不论是中学还是大学，他们接受的都是公办的、免费的、世俗的教育，而且在那时，以培养才能、教授人文知识、倡导包容性为宗旨的大学教育已经普及了半个世纪。与此同时，他们二人还都是代议制主张下人民拮据生活的亲历者和见证者。20年代末金融危机凸显了政治体制无法解决社会问题的弊端。他们在大学时，都曾经历过，也苦恼于那种靠着奖学金度日的物质匮乏、条件艰苦的生活。因此，直到70年代初，他们都最直接地参与和感受着智利20世纪独特的社会环境。这是一个充满变数的时期，一个中产阶级固化的时期，一个民主得以发展并逐渐深入人心的时期，也是一个公共自由得以巩固的时期。

在那样的背景下，对于民主的信仰，让他们相信政治活动能有效地提高普通民众和中产阶级群体的生活质量。这让他们积极参与党派活动，成了忠诚的党员。他们笃信，对于那些人们争论不休、千呼万唤的必要的结构性变革，党员能起到急先锋的作用。二人参加的左翼政党都属于马克思主义阵线，这给他们的政治活动增加了一层国际主义的色彩。国外的经验帮助他们对比国内的现实状况，寻找能够满足人民需求的可行的行动路径。换句话说，国外的斗争在智利国内引起了巨大而深刻的反响。显然在那个时期，智利因此成为"即将到来的意识形态世界大战"[①]的参战国之一。智利受到冷战波及，又受古巴和其他地区革命的影响。这些因素都影响了聂鲁达和阿连德的成长，影响到他们和他们所属党派的政治风格和言谈举止。他们四处游历，联络外界，广交朋友，这些影响和坚定了他们对待国内外事件的看法和立场。

触发他们人生抉择的影响因素一部分来自他们所接受的中等和高等教育。虽然阿连德学习的医学有相当的实践基础，但智利教育模式还是以人文知识蔚然大宗，相对来说缺少实践内容。这非常适于培养杰出的政治家和诺贝尔文学奖候选人。阿连德深厚的家庭传统让他在特木科、瓦尔帕莱索和圣地亚哥的学习生活中确立了基本的人生方向，他参与政治的选择也是在加入智利学生联盟后做出的。在这个斗志昂扬、亲切友爱的联盟中，他用足够多的实践来充实理论知识。他的见识、他参与的工作和党派活动都让

---

① 引自马里奥·贡戈拉《19—20世纪智利的国家概念》第222—272页，智利大学生出版社，2003年。

他能够想象并追逐20世纪的社会主义乌托邦。

聂鲁达进大学学习教育学不是为了教书,阿连德学医也不是想找医院的工作或是开私人诊所。前者进入大学是想当诗人,后者是为了投身公共领域,奉献于社会医疗。他们二人都不是为了获得学位,而是渴望着扮演知名的政治界知识分子的角色。

虽然聂鲁达不像阿连德那样是个活跃的共济会成员,但诗人还是积极地加入了二人共享的朋友圈,并在大学、学生联盟、各种会议和党派活动,还有议会、选举活动和政府工作的各种场合频繁碰面。他们相遇并碰撞出友谊之火、同志之情,本书附录收录的二人间的往来书信就是明证。紧紧围绕着他们友谊的还有玛蒂尔德和奥顿希娅两位夫人的亲密往来,他们四人互相仰慕,互相尊敬。

聂鲁达和阿连德都觉得他们并非来自圣地亚哥,而是从外省来的,他们都爱着瓦尔帕莱索。从事着高尚事业的他们也享受平凡之乐。他们都爱睡午觉、吃美食,阿连德还喜欢打扮。聂鲁达是无可救药的时尚白痴,阿连德却是个爱好奇装异服的极品收藏家。在文学的品味上,他们都喜欢侦探小说。他们总是能很快俘获和迷倒听众,不论是政治演讲还是诗歌朗诵,他们都能聚集起一批为之迷醉的市民，并与市民们心心相连、桴鼓相应。他们二人还在不同时期获得过斯大林和平奖。聂鲁达在1953年，阿连德则是在二十年后的1973年5月获奖，虽然彼时奖项已经更名为"列宁和平奖"。

要想理解他们的共和国精神与对民主的热情，了解二人的社会、家庭、文化教育背景是至关重要的。阿连德凭借坚持不懈的工作和他的"政治手腕"，通过持续不断的公众活动最终把选民都变成了革命的支持者。聂鲁达则是依靠着他在文学上的勤奋和天赋，闯入了西班牙语诗坛，甚至是攀登到了世界诗坛的顶峰，给诗歌界带来了深刻的变革。聂鲁达和阿连德二人都完成了交付给他们的"预言家的工作"。诗人期望着能看透生活并对其做出预言，他希望用"沉默者的语言"诉说，他希望成为"人民的诗人"。阿连德则是寻求在历史感、英雄感和超越感中领导一场带来巨大进步的社会变革。1973年9月11日，在那个不祥的周三的早上，他发表了最后一篇演讲，他在政治上的勃勃雄心显露无遗。

三十年以来，阿连德一直活跃于立法工作，他的搭档们和主持立法工作的政治家们都不止一次地推选他为最好的参议员。他凭借坚持不懈、颇具远见卓识的工作，推动国家出台了许多意义重大、应用面广的社会法律。在社会党内快速晋升后，十年间他又从社会党的核心领导做到了瓦尔帕莱索省的议员以及卫生、疾病预防和社会福利部的部长，最后当上国会议员。诗人天资聪慧，年少有为，30多岁就备受尊崇，得到了世界性的认可。50年代初，由于他在诗歌和政治上的出色表现，他开始被视作诺贝尔文学奖的有力竞争者。因此，他们二人都称得上是名垂史册之人[①]，不仅仅是因为他们的死壮烈如英雄，还是因为他们的一生灿烂如朝霞。阿连德的一生轰轰烈烈，聂鲁达也曾坦言"我活过"。

聂鲁达从20年代，阿连德则从他当上学生会会长的1925年开始，直到去世，他们都从未改变过立场和原则，始终坚守初心，珍视着他们心中的最高价值。他们是诗人和医者，他们更是充满责任感的智利人。也正是因此，智利的社会医疗改革和社会题材的诗歌才能取得如此成就。

阿连德在30年代初步入政坛，他身为人民孺子牛，将

---

① 参见汤姆斯·穆里安的文章《萨尔瓦多·阿连德的政治之路》，萨尔瓦多·阿连德档案库，第87页〔网址：http://www.salvador-allende.cl（截至19/3/13网站有效）〕。

自己的政治活动与人民紧密相连，成为智利政坛上政治信念最为坚定，也是最贴近人民的政治家。相反，聂鲁达虽然未曾停止过参与他所属党派的政治活动，但相对来说投入了更多精力在诗歌创作上。然而，在60年代末70年代初，在这个智利社会面临着政治大洗牌的时刻，他们二人再一次相遇在战斗一线。

所以我们说，在20世纪没有其他的政治家或文学家能比聂鲁达和阿连德二人更加真实明了地反映了智利当时社会、政治和文化的焦灼状态。聂鲁达和阿连德勇担使命，矢志不移，在危机前毫不畏缩，永不妥协，最终将自己的形象永远定格在了智利的历史上。面对威胁他们选择了牺牲，一个葬身在层层包围和隆隆炮火之中，却将民主的信念高悬；另一个溘逝于智利心脏的某个角落，却让他的诗歌高擎着大旗，向全世界控诉刚刚过去的暴行，揭示他的国家曾经遭受的苦难。

书 目

此书目包括书中直接引用的文本，以及其他补充材料，以帮助读者延伸理解。

AA. VV. (1972).《Taller de letras》, Instituto de Letras de la Universidad Católica de Chile, N° 2 -Santiago.

多人合著（1972年），《文学工作室》第2期——智利天主教大学文学院，圣地亚哥。

AGNIC, Ozren (2012). *Allende el hombre y el político. Memorias de un secretario privado*. Santiago: Ril Editores.

厄兹伦·阿尼奇（2012年），《阿连德：作为政客，作为个人——一段私密回忆录》——圣地亚哥：里尔出版社。

AGUIRRE, Margarita (1973). *Las Vidas de Pablo Neruda*. Buenos Aires: Grijalbo S. A.

玛格丽塔·阿吉雷（1973 年），《巴勃罗·聂鲁达的生活》——布宜诺斯艾利斯：格里雅尔博出版社。

ALLENDE, Salvador (1939). *La Realidad médico social chilena*. Santiago: Ministerio de Salubridad, Previsión y Asistencia Social.

萨尔瓦多·阿连德（1939 年），《智利社会医学的现实》——圣地亚哥：卫生、疾病预防和社会福利部。

ALMEYDA, Clodomiro (1977). *Algo de mi vida*. Ciudad de México: Editorial Posada.

克洛多米罗·阿尔梅达（1977 年），《关于我的生活》——墨西哥城：波萨达出版社。

AMORÓS, Mario (2008). *Compañero Presidente: Salvador Allende una vida por la democracia y el socialismo*. Valencia: Universitat de València.

马里奥·阿博拉斯（2008 年），《与总统同行：阿连德社会主义与民主主义的一生》——瓦伦西亚：瓦伦西亚大学出版社。

ANA, Marcos (2007). *Decidme como es un árbol*. Barcelona: Editorial Umbriel.

马科斯·安娜（2007 年），《告诉我一棵树是怎样的》——

巴塞罗那：乌布里埃尔出版社。

BITAR, Sergio (2009). *Dawson, Isla 10*. Santiago: Pehuén.

塞尔吉奥·比塔尔（2009年），《道森，10号岛》——圣地亚哥：佩胡恩出版社。

BOLETÍN DE SESIONES ORDINARIAS DEL SENADO 1945, tomo I. Santiago: Talleres Gráficos《La Nación S. A.》.

《1945年参议院日常会议记录》第一卷——圣地亚哥：国家出版集团图形工作室。

BOLETÍN DE SESIONES EXTRAORDINARIAS DEL SENADO 1947. Santiago: Talleres Gráficos《La Nación S. A.》.

《1947年参议院特别会议记录》——圣地亚哥：国家出版集团图形工作室。

CARRASCO, Eduardo (1998). *Roberto Matta, Conversaciones*. Santiago: Cesoc.

爱德华多·卡拉斯科（1998年），《罗伯托·玛塔，对话》——圣地亚哥：切索克出版社。

CASTRO, Baltazar (1983). *Lo Llamaban Pablito*. Santiago: Ediciones Cerro Huelén.

巴尔塔扎尔·卡斯特罗（1983年），《他们叫他小巴勃罗》——圣地亚哥：塞罗·惠伦出版社。

CORVALÁN, Luis (1997). *De lo vivido y lo peleado. Memorias*. Santiago: Lom Ediciones.

克瓦兰·路易斯（1997年），《生活与战斗》——圣地亚哥：罗姆出版社。

DUQUE SCHICK, David (2011). *Desde el silencio verso a verso: aporte de los inmigrantes del Winnipeg en la construcción de la obra política y social de Salvador Allende*. Santiago: San Marino Editorial.

大卫·杜克·希克（2011年），《沉默的诗句：温尼伯援救行动对萨尔瓦多·阿连德政治和社会工作建设的贡献》——圣地亚哥：圣马利诺出版社。

EDWARDS, Jorge (1990). *Adiós, poeta*. Santiago: Tusquets Editores.

豪尔赫·爱德华兹（1990年），《再见，诗人》——圣地亚哥：图斯卡斯特出版社。

EDWARDS, Jorge (2004). 《Cuba y nosotros.》 Estudios Públicos N° 96 (primavera). Santiago: Centro de Estudios Públicos.

豪尔赫·爱德华兹（2004 年），《古巴与我们》——《公共研究》第 96 号（春季），圣地亚哥：公共研究中心。

EDWARDS, Jorge (2006). *Persona non grata*. Santiago: Alfaguara.

豪尔赫·爱德华兹（2006 年），《不受欢迎的人》——圣地亚哥：丰泉出版社。

FERMANDOIS, Joaquín (1985). *Chile y el Mundo 1970 - 1973*. Santiago: Ediciones Universidad Católica de Chile.

华金·费曼多易斯（1985 年），《智利与世界（1970—1973）》——圣地亚哥：智利天主教大学出版社。

FERMANDOIS, Joaquín (2005). *Mundo y fin de mundo. Chile en la política mundial, 1900 - 2004*. Santiago: Ediciones Universidad Católica de Chile.

华金·费曼多易斯（2005 年），《世界和它的结局》，《世界政治中的智利（1900—2004）》——圣地亚哥：智利天主教大学出版社。

GARCÍA MÁRQUEZ, Gabriel (1974).《Cómo mataron a Allende》, Harper's, Estados Unidos.

加西亚·马尔克斯（1974 年），《他们如何杀害阿连德》——美国：哈伯斯出版社。

GÓNGORA, Mario (2003). *Ensayo histórico sobre la noción de Estado en Chile en los siglos XIX y XX*. Santiago: Editorial Universitaria.

马里奥·贡戈拉（2003年），《19—20世纪智利的国家概念》——圣地亚哥：大学出版社。

GUTIÉRREZ, Eduardo (2009). *Salvador Allende. Entrevistas 1970-1973*. Santiago: Lom Ediciones.

爱德华多·古特雷斯（2009年），《1970—1973年阿连德接受的采访》——圣地亚哥：罗姆出版社。

LABARCA, Eduardo (2007). *Salvador Allende. Biografía sentimental*. Santiago: Catalonia.

爱德华多·拉巴尔卡（2007年），《萨尔瓦多·阿连德情感传记》——圣地亚哥：加泰罗尼亚出版社。

LIRA MASSI, Eugenio (s/a). *La Cueva del Senado y los 45 senadores*. Santiago: Ediciones del Ornitorrinco.

欧亨尼奥·里拉·马西，《参议院和45名参议员》——圣地亚哥：鸭嘴兽出版社。

LORCA, Juan Camilo (comp.) (2000). *Pablo Neruda Prólogos*. Santiago: Editorial Sudamericana.

胡安·卡米洛·洛尔卡（2000年），《巴勃罗·聂鲁达全集》前言——圣地亚哥：南美出版社。

LOYOLA, Hernán (1999 - 2002). *Pablo Neruda. Obras completas*, V vols., Barcelona: Galaxia Gutenberg - Círculo de Lectores.

赫尔南·洛约拉（1999—2002年），《巴勃罗·聂鲁达全集》——巴塞罗那：加拉西亚·古腾堡出版社和读者俱乐部合作出版。

MARTÍNEZ Corbalá, Gonzalo (1998). *Instantes de decisión, Chile 1972 - 1973*. Ciudad de México: Grijalbo S. A.

冈萨洛·科尔巴拉·马丁内兹（1998年），《决定的瞬间：智利（1972—1973）》——墨西哥城：格里雅尔博出版社。

MONTES, Hugo (comp.) (1978). *Cartas a Laura*. Madrid: Ediciones Cultura Hispánica del Centro Iberoamericano de Cooperación.

雨果·蒙特斯（1978年），《给劳拉的信》——马德里：伊比利亚-美洲合作中心西班牙语语言文化出版社。

NERUDA, Pablo (1978). *Para nacer he nacido*.

Barcelona: Seix Barral.

巴勃罗·聂鲁达（1978年），《我命该出生》——巴塞罗那：塞依斯·巴拉尔出版社。

NERUDA, Pablo (1985). *Confieso que he vivido*. Barcelona: Seix Barral.

巴勃罗·聂鲁达（1985年），《我坦言我曾历尽沧桑》——巴塞罗那：塞依斯·巴拉尔出版社。

OLIVARES, Edmundo (2004). *Pablo Neruda: Los caminos de América*. Santiago: Lom Ediciones.

埃德蒙·奥利瓦雷斯（2004年），《巴勃罗·聂鲁达：美洲之路》——圣地亚哥：罗姆出版社。

PUCCIO, Osvaldo (1985). *Un cuarto de siglo con Allende*. Santiago: Editorial Emisión.

奥斯瓦尔多·普乔（1985年），《与阿连德在一起的四分之一个世纪》——圣地亚哥：广播出版社。

QUEZADA, Abraham (comp.) (2004). *Pablo Neruda, epistolario viajero, 1927-1973*. Santiago: Ril Editores.

亚伯拉罕·克扎达（2004年），《聂鲁达的旅行纪要（1927—1973）》——圣地亚哥：里尔出版社。

QUEZADA, Abraham (comp.) (2007). *Correspondencia entre Pablo Neruda y Jorge Edwards, 1962 - 1973*. Santiago: Alfaguara.

亚伯拉罕·克扎达（2007年），《巴勃罗·聂鲁达与豪尔赫·爱德华兹书信集（1962—1973）》——圣地亚哥：阿孔卡瓜出版社。

QUEZADA, Abraham (comp.) (2009). *Cartas a Gabriela*. Santiago: Ril Editores.

亚伯拉罕·克扎达（2009年），《给加夫列拉的信》——圣地亚哥：里尔出版社。

QUEZADA, Abraham (comp.) (2011). *Pablo Neruda-Claudio Véliz, Correspondencia en el camino al Premio Nobel, 1963 -1970*. Santiago: Centro de Investigaciones Diego Barros Arana.

亚伯拉罕·克扎达（2011年），《1963—1970：巴勃罗·聂鲁达与克劳迪奥·韦利兹，诺奖之路上的通讯集》——圣地亚哥：迭戈·巴罗斯·阿拉纳研究中心。

QUEZADA, Abraham (2012). *Pedro Aguirre Cerda. Trayectoria de un ideal educativo*. Santiago: Editorial USACH.

亚伯拉罕·克扎达（2012 年），《佩德罗·阿吉雷·塞尔达：教育家的人生轨迹》——圣地亚哥：智利大学出版社。

RODRÍGUEZ, Emir (1985). *Neruda, El viajero inmóvil*. Barcelona: Editorial Laia.

埃米尔·罗德里格斯（1985 年），《不动的旅行者》——巴塞罗那：莱伊尔出版社。

SALAZAR, Gabriel (2010). *Conversaciones con Carlos Altamirano. Memorias críticas*. Santiago: Random House Mondadori S. A.

加布里埃尔·萨拉萨尔（2010 年），《与卡洛斯·阿尔塔米拉诺的谈话》——圣地亚哥：兰登书屋。

STONOR SAUDERS, Frances (2001). *La CIA y la guerra fría cultural*. Madrid: Editorial Debate.

斯通诺·索德（2001 年），《美国中情局和文化冷战》——马德里：德巴特出版社。

TEITELBOIM, Volodia (2003). *Neruda, la biografía*. Albacete: Ediciones Merán.

沃洛迪亚·泰特尔博伊姆（2003 年），《聂鲁达传》——阿尔巴塞特：梅拉出版社。

URRUTIA, Matilde (1987). *Mi vida junto a Pablo Neru-*

da. Barcelona: Seix Barral.

玛蒂尔德·乌鲁蒂亚（1987年），《巴勃罗·聂鲁达和我相伴的一生》——巴塞罗那：塞依斯·巴拉尔出版社。

VALDÉS, Gabriel (2009). *Sueños y memorias*. Santiago: Taurus Editora.

加布里埃尔·巴尔德斯（2009年），《梦与记忆》——圣地亚哥：金牛出版社。

VARAS, José Miguel (1991). *Aquellos anchos días. Neruda el oriental*. Montevideo: Editorial Monte Sexto.

何塞·米格尔·瓦拉斯（1991年），《那些绵长的日子——东部的聂鲁达》——蒙得维的亚：蒙特塞托出版社。

VÁSQUEZ, David *et. al*. (ed.) (2008). *Salvador Allende. Vida política y parlamentaria, 1908–1973*. Santiago: Ediciones de la Biblioteca del Congreso Nacional.

大卫·巴斯克斯等（2008年），《萨尔瓦多·阿连德：1908年至1973年的政治生活与议会工作》——圣地亚哥：国会图书馆出版社。

VIAL, Sara (2004). *Neruda vuelve a Valparaíso*. Valparaíso: Ediciones Universitarias de Valparaíso.

萨拉·维亚尔（2004年），《聂鲁达回到瓦尔帕莱索》——瓦尔帕莱索：瓦尔帕莱索大学出版社。

生平年表

此年表只涉及与两位主人公交往有关的往来信件、文献资料和相关史实。

1904
- 7月12日,巴勃罗·聂鲁达出生于派罗镇。

1908
- 6月26日,萨尔瓦多·阿连德出生于圣地亚哥。

1909—1915
- 阿连德和家人搬到塔克纳,在塔克纳就读小学。

1910—1919
- 聂鲁达完成小学教育,随后进入特木科男子中学求学。

1918

- 阿连德在预科第五年进入圣地亚哥的智利国家学院就读。

1921

- 2月,聂鲁达在到达首都前,以"聂鲁达"的笔名在圣地亚哥杂志《光明》上刊发诗作。
- 阿连德在预科第六年就读于瓦尔迪维亚中学,在那里完成两年的人文学科的学习。
- 3月,聂鲁达前往圣地亚哥,在智利大学教育学院法语教学专业学习。
- 10月14日,聂鲁达凭借诗作《节庆之歌》获得智利学生联盟举办的诗歌比赛的一等奖。

1922—1924

- 阿连德在瓦尔帕莱索省的爱德华多·帕拉学院继续完成第三、四、五年的人文学科的学习。1924年,16岁的阿连德完成学业,同家人迁往比尼亚德尔马。

1923

- 7月,智利学生联盟的光明出版社出版了聂鲁达的诗集《晚霞》。
- 杂志《狄奥尼修斯》和《光明》刊载聂鲁达的诗和文学评论。

1926

- 阿连德在比尼亚德尔马的克拉塞洛斯军团服役后前往圣地亚哥,在智利大学的医学专业学习。

1927

- 6月14日,聂鲁达前往缅甸,后在缅甸、锡兰和印度尼西亚担任领事。

1929

- 阿连德加入共济会。
- 阿连德退出学生团体"前进联盟"。

1930

- 12月6日,聂鲁达在印度尼西亚巴达维亚就任领事期间,与玛丽亚·安托涅塔·哈根纳尔结婚。

1932

- 阿连德身陷多桩公案,被智利大学短期停学。
- 4月19日,聂鲁达在远离故土十五年后重回智利。
- 阿连德获得智利大学外科医学学位,并向医学系研究所提交了关于"精神卫生与犯罪"的毕业论文。

1933

- 4月10日,聂鲁达于圣地亚哥出版《大地上的居所》。
- 4月19日,阿连德参与组建社会党。
- 8月28日,聂鲁达到阿根廷布宜诺斯艾利斯任领事一职。

1934

- 5月底,聂鲁达赴西班牙巴塞罗那任领事。

1935

- 6月21日至25日,聂鲁达作为代表在巴黎出席第一届文化保卫国际作家大会。

- 7月到12月,阿连德在卡尔德拉市任职。
- 9月到10月,马德里的"十字与线条"出版社,分两卷出版了《大地上的居所》。
- 10月,聂鲁达受命担任智利驻马德里领事。
- 阿连德担任智利医生联盟领袖,并在瓦尔帕莱索参与《智利医学公报》的撰写。

1936

- 阿连德组织并领导了瓦尔帕莱索的人民阵线运动。
- 9月24日,聂鲁达在杂志《蓝工装》上匿名发表了《献给死去战士的母亲的歌》,这是他创作的第一首有关西班牙内战的诗,后来收录于诗集《西班牙在我心中》。

1937

- 阿连德当选瓦尔帕莱索和基略塔省第六届省组织代表。
- 聂鲁达开始为"西班牙语美洲支援西班牙小组"工作。
- 10月10日,聂鲁达回到智利。
- 11月7日,聂鲁达创立"智利知识界保卫文化联盟"并担任领导者。

1938

- 阿连德担任社会党副部长,负责总统候选人佩德罗·阿吉雷·塞尔达在瓦尔帕莱索的竞选活动。
- 10月25日,佩德罗·阿吉雷·塞尔达当选智利总统。
- 12月,阿连德带领瓦尔帕莱索的医生群体签署了一份关心德国犹太人处境的公开声明。

1939

- 1月24日至25日,阿连德结识了奥顿希娅·布希。
- 9月3日,聂鲁达和西班牙流亡者一同乘坐"温尼伯号"抵达智利。
- 9月28日,阿连德就任卫生、疾病预防和社会福利部部长。
- 部长阿连德发表了一份对于智利卫生、人口、社会福利和医疗问题的分析研究,即《智利社会医学的现实》。

1940

- 部长阿连德在联合俱乐部对面举办了第一届"智利

住房展览会"。

- 6月19日，聂鲁达受命出任智利驻墨西哥大使。
- 8月31日，共产党开始发行《世纪报》。
- 9月16日，阿连德和奥顿希娅·布希结婚。

1941

- 11月6日，佩德罗·阿吉雷·塞尔达总统去世。
- 12月28日，聂鲁达在墨西哥奎尔纳瓦卡遭到纳粹分子袭击。

1942

- 3月，受教育部之邀，聂鲁达第一次出访哈瓦那并举行多场座谈。借此机会，他向数以千计捍卫西班牙共和国的古巴民众致敬。
- 4月2日，阿连德卸任卫生、疾病预防和社会福利部部长一职。

1943

- 阿连德担任社会党总书记。
- 7月2日，聂鲁达在墨西哥莫雷洛斯和戴丽娅·德尔·卡莉尔结婚。

- 7月6日，聂鲁达向智利外交部要求六个月的假期以便回智利申请辞职。

1944

- 12月，聂鲁达受共产党任命，成为塔拉帕卡和安托法加斯塔两省的参议员候选人，此时他仍未正式加入共产党。

1945

- 3月4日，聂鲁达被选为第一选区（塔拉帕卡省、安托法加斯塔省）参议员。
- 3月4日，阿连德被选为第九选区（瓦尔迪维亚省、兰奇胡亚省和麦哲伦省）参议员。
- 5月24日，聂鲁达获得智利国家文学奖。
- 7月8日，聂鲁达在圣地亚哥的卡波利坎剧院的纪念仪式上正式加入共产党。

1946

- 8月，聂鲁达被任命为加夫列尔·冈萨雷斯·魏地拉的竞选宣传活动负责人。

1947

- 10月,冈萨雷斯·魏地拉政府开始向共产党及其刊物《世纪报》施压。在受到政府追捕后,聂鲁达发起了激烈的回击,旨在谴责魏地拉总统背叛了对广大劳动者和工人的承诺。
- 11月27日,聂鲁达在委内瑞拉加拉加斯的《国家报》上发表了《致千千万万人的谈心信》,信中揭露了魏地拉总统的镇压活动。

1948

- 1月6日,聂鲁达在议院发表了题为《我控诉》的演说,揭露了冈萨雷斯·魏地拉政府对于共产党的残酷镇压。
- 1月,参议员聂鲁达和阿连德投票反对国会设立特别执行权。
- 2月3日,最高法院批准剥夺聂鲁达的参议员职权,聂鲁达被迫转入地下活动。
- 2月,阿连德前往委内瑞拉,参与使得委内瑞拉结束军人独裁的总统罗穆诺·加列戈斯的政权过渡仪式,在记者采访时谈及了聂鲁达。

• 7月14日,《世纪报》停刊。

• 9月3日,智利颁布《永久捍卫民主法》,宣布共产党的非法性质,将24000人从竞选名单中除名。

1949

• 3月初,聂鲁达为躲避政治追捕,秘密穿越安第斯山脉逃往阿根廷。

• 阿连德当选智利医生协会主席。

• 9月3日至10日,聂鲁达参加在墨西哥举办的"拉丁美洲和平保卫大会"。

1950

• 1月10日至11日,议会允许聂鲁达在国外合法居留一年以上,此居留批准曾在1948年1月到期,并在1949年1月获准延长。

1951

• 参议员阿连德被选为1951—1955年议会副议长。

1952

- 3月21日,阿连德同知识界知名人士共同签署了一封要求聂鲁达安全归国的公开信。
- 阿连德与艾利亚斯共同向议会提交了一份关于智利铜业国有化的法律草案。
- 阿连德第一次当选总统候选人。
- 8月12日,聂鲁达回到智利。他在布尔内斯广场参加了共产党举行的欢迎仪式并发言支持阿连德的总统竞选。
- 9月4日,阿连德在竞选中获得了全部选票的5%,位列第四。
- 10月25日,《世纪报》获准复刊。

1953

- 3月15日,阿连德参加了智利共产党组织的纪念斯大林去世的活动。聂鲁达在纪念活动上朗诵了诗歌《在他的死亡中》,这首诗后来被收录于诗集《葡萄与风》。
- 阿连德再次当选第一选区(塔拉帕卡省、安托法加斯塔省)议员,任期直至1956年。
- 4月26日至5月2日,圣地亚哥举办美洲大陆文化大会。开幕仪式为聂鲁达和阿连德设置荣誉席位,一同出席的还有其他杰出知名人士。聂鲁达在仪式上朗诵了诗歌《和平之诗》。

• 12月20日,聂鲁达获斯大林和平奖。

1954

• 1月底,聂鲁达多次在智利大学发表关于其诗歌的演说。

• 6月20日,聂鲁达向智利大学图书馆捐赠款项及个人的贝壳收藏。

• 阿连德前往苏联与中华人民共和国旅行。

1957

• 1月30日,布宜诺斯艾利斯的洛萨达出版社出版《漫歌集》。

• 聂鲁达出版《颂歌第三集》并当选智利作家协会主席。

• 7月,聂鲁达前往斯里兰卡的科伦坡旅行,并参加了在那里举行的"世界和平人士大会",随后前往印度、缅甸及中华人民共和国。

• 9月15日,阿连德宣布以人民行动阵线候选人身份参与总统竞选。

1958

- 聂鲁达积极参与阿连德第二次的总统竞选活动,在为阿连德做政治宣传的作家和艺术家团队中发挥了领导作用。
- 8月2日,废除《永久捍卫民主法》。
- 9月4日,阿连德第二次在总统大选中失利,以28.5%的选票率位列第二。
- 11月,聂鲁达参加智利第十一届共产党大会,并当选中央委员会成员。

1959

- 1月,阿连德到委内瑞拉旅行并参与委内瑞拉总统罗穆诺·加列戈斯的政权过渡纪念活动,后来又前往古巴与切·格拉瓦和菲德尔·卡斯特罗会面。
- 1月26日,聂鲁达去往委内瑞拉旅行并在那里遇到菲德尔·卡斯特罗。
- 聂鲁达在瓦尔帕莱索的佛罗里达山建造其名为"塞巴斯蒂安娜"的居所。

1960

- 3月,聂鲁达前往蒙得维的亚旅行,随后去往哈瓦那并在那里出版了纪念古巴革命的《英雄事业的赞歌》。
- 12月14日,出版《爱情十四行诗一百首》审定本。

1961

- 3月,阿连德开始了第三选区参议员的竞选活动。
- 6月3日,聂鲁达和朋友在瓦尔帕莱索的德国酒吧里宣布成立酒桶俱乐部。
- 聂鲁达走遍全国,支持共产党候选人的竞选活动。
- 阿连德被选为阿孔卡瓜和瓦尔帕莱索议员。
- 9月18日,聂鲁达宣布他在瓦尔帕莱索的新家"塞巴斯蒂安娜"落成。
- 阿连德在乌拉圭的"东部角"旅行,和切·格拉瓦共同揭露了美国"进步联盟"活动的政治宣传性质。

1962

- 1月到6月,《国际十字架》杂志分十期连载《巴勃罗·聂鲁达回忆录:诗人的生活》。
- 3月30日,聂鲁达成为智利大学哲学与教育系荣誉学者。

· 10月12日，在卡波利坎剧院发表演说《和天主教人士共同迈向和平》，在演说中批评了智利主教致教徒的一封教书。

· 10月26日，聂鲁达向总统豪尔赫·亚历山德里致信建议智利投票同意古巴加入美洲国家组织。

1963

· 聂鲁达为地区常务选举多次参与公众活动和电台节目。

· 聂鲁达匿名发表了一首针砭时事的诗歌《震怒之日》。

1964

· 4月26日，在聂鲁达黑岛的家中以"阿尔贝托·罗哈斯·吉梅内斯"为名的酒窖首次投入使用。

· 7月12日，阿连德向聂鲁达寄送了一张附有他亲笔签名的照片，庆祝聂鲁达的60岁生日。

· 9月，阿连德第三次在总统竞选中落败，获得38.9％的选票。

- 11月3日,爱德华多·弗雷·蒙塔尔瓦接任智利总统,担任1964年到1970年六年的智利总统。

1965

- 1月,聂鲁达担任沃洛迪亚·泰特尔博伊姆参议员竞选指挥部主席。
- 聂鲁达参加将于3月初举行的议会选举的准备活动和参观活动。
- 4月12日至19日,聂鲁达参加在莫斯科举行的列宁和平奖年会。
- 6月1日,聂鲁达获得牛津大学荣誉博士学位。

1966

- 阿连德在1966年至1969年间担任参议院议长。
- 7月31日,哈瓦那的《格拉玛报》刊登了《古巴知识分子致巴勃罗·聂鲁达的公开信》。
- 8月1日,聂鲁达回复《古巴知识分子致巴勃罗·聂鲁达的公开信》。
- 9月7日,瓦尔帕莱索市市政府授予聂鲁达"荣誉市民"称号。

- 10月28日，聂鲁达在黑岛的家中与玛蒂尔德·乌鲁蒂亚结婚。

1969

- 2月，聂鲁达走访南部，参加共产党的议会选举活动。
- 7月，阿连德给聂鲁达发了一封电报，为没有参加他的65岁生日表示歉意。
- 8月21日，智利天主教大学授予聂鲁达科学荣誉博士学位。
- 9月1日，阿连德给聂鲁达写信，恭喜他将被提名为总统候选人，并代表参议院致以敬意。
- 9月4日，参议院称聂鲁达为"智利杰出的孩子"。
- 9月30日，共产党提名聂鲁达为总统候选人。
- 12月22日，人民团结联盟通过《人民团结联盟基本纲领》。

1970

- 1月3日，共产党取消聂鲁达的候选资格，并支持阿连德参与竞选。

- 1月22日，阿连德被提名为人民团结联盟单一候选人。
- 冬季，聂鲁达为阿连德总统竞选活动发表演讲。
- 9月4日，阿连德当选为智利总统，任期六年（1970—1976）。
- 9月，聂鲁达致信阿连德，祝贺他取得胜利，并为政权交接仪式提供文化上的建议。
- 11月3日，阿连德就职总统。
- 聂鲁达被推选为智利驻法大使。

1971

- 1月21日，参议院批准任命聂鲁达为智利驻法国大使。
- 3月2日，聂鲁达写信向总统揭露他在巴黎大使馆发现的一些行政问题。
- 3月26日，聂鲁达大使在爱丽舍宫向乔治·蓬皮杜总统递交国书。
- 6月，聂鲁达大使向阿连德总统发出照会，请求其接待一位将访问智利的著名建筑师。
- 7月16日，智利的铜矿国有化。

- 10 月 21 日，聂鲁达获得诺贝尔文学奖。同日，聂鲁达和阿连德通电话，阿连德总统发送电报表达祝贺。
- 11 月 3 日和 4 日，众议院和参议院祝贺聂鲁达获得诺贝尔文学奖。
- 12 月 11 日，聂鲁达在斯德哥尔摩获颁诺贝尔文学奖。

1972

- 4 月 10 日至 18 日，聂鲁达访问纽约，在国际笔会发表演讲，题为"我在这里重提我欠沃尔特·惠特曼的旧账"。
- 6 月 19 日，阿连德总统向聂鲁达发出一份简短照会，问询他的健康状况。
- 8 月，受阿连德总统委托，塞尔吉奥·因松扎访问在巴黎的聂鲁达，并关切他的健康状况。
- 9 月 6 日，聂鲁达写信给总统，提及《漫歌集》的修订工作。
- 10 月 28 日，聂鲁达当选为教科文组织执行理事会成员，任期四年。
- 10 月 31 日，聂鲁达向阿连德总统发出两封信，向他通报了法新社的一则新闻报道引起的反响以及法国公民对铜禁运情况表示的声援。

• 11月3日，聂鲁达向阿连德总统发出一封内容涵盖广泛的信函，阐述了在铜禁运方面所做的努力以及法国司法在此事件中的角色。

• 11月22日，聂鲁达乘飞机返回智利。

• 11月26日，阿连德到达黑岛访问聂鲁达。

• 12月5日，在圣地亚哥国家体育场举行聂鲁达归国庆祝仪式。

1973

• 2月2日，阿连德再次到访黑岛与聂鲁达会面。

• 2月5日，聂鲁达致信阿连德总统表达其辞去大使职务的意愿。

• 2月13日，总统写信回复聂鲁达，感谢其在大使岗位上的杰出成就。

• 2月14日，聂鲁达因"健康原因"辞去大使一职的申请得到通过。

• 2月16日，聂鲁达发表《鼓动刺杀尼克松并赞美智利革命》，并继续撰写回忆录。

- 3月3日,聂鲁达通过电台发表演讲支持人民团结联盟候选人3月4日的议会选举。
- 5月3日,阿连德获得列宁和平奖。
- 5月5日,聂鲁达写信给阿连德总统祝贺其获得列宁和平奖。
- 5月28日,聂鲁达通过电视节目呼吁知识分子揭露内战的始作俑者。
- 6月14日,奥顿希娅·布希写信给聂鲁达,告诉他欧洲的一些情况,并回忆起在黑岛的见面。
- 6月,布宜诺斯艾利斯的《危机》杂志的编辑玛格丽塔·阿吉雷采访了聂鲁达。
- 7月12日,阿连德最后一次前往黑岛,访问聂鲁达。
- 9月11日,智利发生政变,萨尔瓦多·阿连德殉职。
- 9月15日,聂鲁达在回忆录的最后几章中谴责军事政变导致阿连德总统死亡。
- 9月17日,智利当时的事实政权了解到墨西哥方面已提议以贵宾身份接待聂鲁达前往墨西哥。
- 9月23日,巴勃罗·聂鲁达在圣地亚哥去世。

附 录

具体参考档案

· 1953年巴勃罗·聂鲁达在《漫歌集》中给萨尔瓦多·阿连德的献词。

· 1971年10月1日萨尔瓦多·阿连德给巴勃罗·聂鲁达的电报。

· 1971年10月21日,克洛多米罗·阿尔梅达给巴勃罗·聂鲁达的电报,一页。

· 《阿连德"大使"的一封信》。

· 萨尔瓦多·阿连德总统致聂鲁达的贺词。

· 可证明巴勃罗·聂鲁达和萨尔瓦多·阿连德二人关系的其他资料列表:

一、信件

1. 圣地亚哥，1969年7月，萨尔瓦多·阿连德给巴勃罗·聂鲁达，手写电报由圣地亚哥发往黑岛，巴勃罗·聂鲁达档案馆馆藏信件。

2. 圣地亚哥，1969年9月1日，萨尔瓦多·阿连德给巴勃罗·聂鲁达，蓝色墨水正反两面书写在议会信纸上的字条，巴勃罗·聂鲁达档案馆馆藏信件。

3. 1970年9月，巴勃罗·聂鲁达给萨尔瓦多·阿连德，绿色墨水书写在有聂鲁达标记的专用信纸上的信件，三页，巴勃罗·聂鲁达档案馆馆藏信件。

4. 圣地亚哥，1971年3月2日，巴勃罗·聂鲁达给萨尔瓦多·阿连德，有聂鲁达标记的专用信纸的打字机信件，两页，巴勃罗·聂鲁达档案馆馆藏信件。

5. 巴黎，1971年6月，巴勃罗·聂鲁达给萨尔瓦多·阿连德，有聂鲁达标记的专用信纸的手写信件，两页，巴勃罗·聂鲁达档案馆馆藏信件。

6. 圣地亚哥，1971年10月21日，萨尔瓦多·阿连德给巴勃罗·聂鲁达，有政府抬头的166号电报，一页，外交部档案馆馆藏信件。

7. 圣地亚哥，1972年6月19日，萨尔瓦多·阿连德给巴勃罗·聂鲁达，蓝色墨水正反两面书写在总统专用信纸上的手写信件，巴勃罗·聂鲁达档案馆馆藏信件。

8. 巴黎，1972年9月6日，巴勃罗·聂鲁达给萨尔瓦多·阿连德，有智利使馆抬头的信纸上的电报，两页，萨尔瓦多·阿连德档案馆馆藏信件。

9. 巴黎，1972年10月31日，巴勃罗·聂鲁达给萨尔瓦多·阿连德，有智利使馆抬头的信纸上的电报，两页，萨尔瓦多·阿连德档案馆馆藏信件。

10. 巴黎，1972年10月31日，巴勃罗·聂鲁达给萨尔瓦多·阿连德，有智利使馆抬头的信纸上的电报，一页，萨尔瓦多·阿连德档案馆馆藏信件。

11. 巴黎，1972年11月3日，巴勃罗·聂鲁达给萨尔瓦多·阿连德，有智利使馆抬头的信纸上的电报，四页，巴勃罗·聂鲁达档案馆馆藏信件。

12. 黑岛，1973年2月5日，巴勃罗·聂鲁达给萨尔瓦多·阿连德，有聂鲁达标记的专用信纸的打字机信件，两页，萨尔瓦多·阿连德档案馆馆藏信件。

13. 圣地亚哥，1973年2月13日，萨尔瓦多·阿连德给巴勃罗·聂鲁达，发表在圣地亚哥《水星报》等媒体上的公开信。

14. 黑岛，1973年5月5日，巴勃罗·聂鲁达给萨尔瓦多·阿连德，绿色墨水手写在有聂鲁达标记的专用信纸上的信件，一页。

15. 圣地亚哥，1973年6月14日，奥顿希娅·布希给巴勃罗·聂鲁达，有阿连德·奥顿希娅·布希标记的专用信纸的打字机信件，一页，巴勃罗·聂鲁达档案馆馆藏信件。

二、诗歌

1. 十四行诗《震怒之日》，见于巴勃罗·聂鲁达基金会杂志《聂鲁达》，2014年1月第15期，第91—92页。

2. 巴勃罗·聂鲁达《人民之诗》，1964年3月7日发表于智利圣地亚哥《世纪报》。

三、演讲

1. 巴勃罗·聂鲁达在萨尔瓦多·阿连德竞选活动结束仪式上的讲话，1970年冬季，《巴勃罗·聂鲁达全集》第四卷，第294—296页，赫尔南·洛约拉编，加拉西亚·古腾堡出版社和读者俱乐部合作出版，2001年。

四、聂鲁达写作的关于萨尔瓦多·阿连德的文本

1.《阿连德的竞选》,选自《我坦言我曾历尽沧桑》,巴勃罗·聂鲁达著,1985年,第458—460页。

2.《阿连德》,选自《我坦言我曾历尽沧桑》,巴勃罗·聂鲁达著,1985年,第472—476页。

阿连德"大使"的信

尊敬的《国家报》报社社长:

在看到本月22日(周日)的报纸上刊载的一篇文章之后,我觉得有必要写作此信来烦扰您。贵社的一位记者采访了我并写作了这篇报道对我的声明进行反驳。

对于那位智利"通信员"所指的我的声明,我并不知情。贵社的专栏作者又对这些声明进行了批驳,这些我都毫不知情。似乎我在否认和避讳某些与工人和共产党领导有关的政治事件。

我发表的唯一声明是回答贵社记者的提问,声明涉及了政府针对共产党所采取的政治和行政上的措施,以及针对聂鲁达参议员的案件审理。这份声明完整刊登在本月11日的《国家报》上。

在上面的声明中,我否认的并不是"集中营里有对工人和共产党员的迫害和杀戮",这里我必须告诉您,记者的提问是"集中营里是否有针对工人和共产党员的谋杀",而我拒绝他这样提问题的方式,因为这与政府和人民授予我的权力不符。

正是出于这个原因,记者在刊登的报道中修改了提问的方式。

我从来没有否认过在我们国家有政治界的领袖和共产党工人被囚禁或是被流放到皮萨瓜港或其他地方,虽然这些地方不管怎样都不应该和中欧国家或者东方的那种所谓的"集中营"等同视之。这些政府的措施都是国会批准的,这些措施用在处理军队腐败、动乱和共产党工会向议会提交的恐怖政策时都有先例,并且国会把行使这些举措的权力交予了"特别执行委"。我得告诉您我们的议会里有很多党派的代表:保守党、自由党、激进党、激进民主党派、民主党、代表农民阶级的劳动者党派、社会党和共产党。议会中共有45票同意采取这些措施,而成立"特别执行委"的决议得到36张赞成票,除了社会党和共产党以外,别的派别都表示了同意。

我在议会上也发表了我的看法,我说虽然不论是在国内还是国外,社会党和共产党在工会问题上都有着巨大的分歧,但我还是表示我们会投票反对设立"特别执行委"。共产党人仍在冈萨雷斯·魏地拉政府内的那个时期,但他们也不留情面地迫害过工人、教师和社会党人,我们的工会领导人塔皮亚、阿尔布鲁、奥尔蒂斯等都受迫害而死。

尽管已经众所周知,但我还是想重申一点,那就是当初是我以社会党议员的身份向议会要求提供一份因禁和流放人员的名单。这是因为我觉得一个民主国家应该告知其人民军方所采取的行动。正是因为有我首先提出的这个要求,聂鲁达议员和戈多伊·乌鲁蒂亚代表才能够在议会了解到甚至议论这些举措。但如果凭这件事就认定我会"否认有共产党人被拘禁和关押"就太鲁莽了。我说的是没有屠杀亦没有大清洗,这也是我白纸黑字写下并交给《国家报》记者的内容。

社长先生,您应该记得世界上很多民主政体国家都已经通过议会出台特殊的法案,设置"特别执行委"来限制共产党和他们所领导的工会的战略行动,我们可以举例的有英国、法国、美国。在我们拉丁美洲也有委内瑞拉,我所知道的是民主行动党、政府的革命委员会都不得不出台强有力的举措来制止某些共产党员的行动。这些人手持武器，反对革命，支持前总统梅迪纳·安加里塔先生，后者曾经一举解散了六十多个工会，我想您也是知道的。后来他们还采取了严厉的政治和管理措施来对付加拉加斯公交车司机们和拉瓜伊拉的码头工人们，还有那些共产党员，说他们缺乏对工作纪律的遵守。最近我则是了解到有些石油业的从业工人也勇敢地反抗了工会里的共产党员。

我希望您能了解这场争议的来龙去脉，所以请允许我随信附上"特别执行委"事件发生后我在议会发表的讲话内容，以及总统让我出任特别大使时给我的一封回信，还有那份因为我的请求而公之于众的工人和共产党领导的名单，也烦请您过目。

在这些文件中您也能看到社会党对于政府的相对独立性，这是我们党一直以来所坚持的态度。议会也有同样的态度。这也让我无论在议会还是在智利别的地方，都不受任何人反驳。我从来没有为专制政府工作，我也从来没有对令人发指的暴行缄口不言。

我不是作为冈萨雷斯·魏地拉政府的调解人来到委内瑞拉的。我来这里是因为我欣赏委内瑞拉的人民，我赞赏你们刚刚完成的向民主政体的政权过渡,我珍视和各位民主行动党的领导、朋友的纯洁友谊。

我来这个国家并不是为了隐瞒发生在我国家的事。那里没什么好隐瞒的。我也不是要攻击智利共产党,更不是要抹黑聂鲁达先生,这一点从我的声明就可以看出来。但是有的人恶意歪曲事实,想要把智利政府在世界上弄得像个法西斯国家。若是对此保持沉默,那也是我所不齿的。智利政府会与特别执行委共同行动,后者由国会依据民主国家的宪法赋予相应权力。另外一项国家权力,也就是司法权的独立性也得到了保证;因为贵社公布的名单就表明司法部曾发出指示,命令释放部分被逮捕的人。

因此我希望能澄清此事,以便勾勒事实、陈述真相。我希望社长您能秉持新闻从业者的诚心,在贵社周日的头版头条上以大标题"对新闻报道的回应"登载我的这封信。

致敬

萨尔瓦多·阿连德

(1948年2月25日,萨尔瓦多·阿连德参议员出席委内瑞拉总统雷穆洛·加列戈斯的就职仪式后,加拉加斯《国家报》刊登了文章。)

萨尔瓦多·阿连德总统给聂鲁达的公开信

敬爱的同胞们：

诺贝尔文学奖颁给了一位智利人，我们的巴勃罗·聂鲁达。得此殊荣，使之不朽，这是智利的胜利，人民的胜利，也是整个拉丁美洲的胜利。不论是作品还是他们所要求的文学精神，聂鲁达都不曾欠缺，这个非凡而重大的荣誉早该属于他。但是此刻，这个奖项对于我们也是一份责任，这再一次告诉我们智利是一个诗人的国度，让我们回想起另外一位诺贝尔文学奖获奖者，加夫列拉·米斯特拉尔，他们二人的作品都有着深厚的人类和社会背景。

当然，此刻我们不应该这样将二人轻易地、笼统地联系起来。巴勃罗·聂鲁达的作品中饱受赞誉的想象囊括了人类生活的方方面面。实在是没有东西能够脱离诗人的想象。他的书和诗在很久以前就被翻译成各国语言。然而，我要说诗人能得到这个奖是和人民分不开的，在他创作生涯很重要的一个时期，人民屡屡出现在他的诗行之间。因此，他的同胞们此刻当然是最为喜悦的，他们是在向自己的兄弟表达祝贺。聂鲁达是心明眼亮的人道主义者，他用美丽的语言讲述了人在现实面前的不安。

聂鲁达的诗书写了智利的角角落落,河流、山脉、终年的积雪、热带的沙漠。但其中他特别写到的是智利的男男女女。因此,他才在诗中表达出爱,表达出为社会的斗争。我要再次说这个荣誉,这项授予聂鲁达的荣誉,也是属于我们的,属于智利的,属于每一个智利人的。毫无疑问,这是国家和民族的真情实感,此刻由我表达出来。此外,我还要强调,聂鲁达这位我们政府驻法国的大使还是一位战士,是具有坚定信念、积极活跃的战士,是我们人民团结联盟党派中的一员。

聂鲁达获此殊荣,此刻我比别人更有理由感动。过去的这么多年间,我和他并肩战斗。是他陪同我参与了许许多多的竞选活动,无论是在北部、中部还是南部。在群众的凝神静听中,聂鲁达朗诵着他的诗句,每每想到他的朗读我都不无感动。看到智利的人民为之动情,看到诗人的诗句流入他们的心灵和头脑,实在太美好了!

我在此代表智利的人民给予诗人一个亲人般的拥抱。

萨尔瓦多·阿连德

(萨尔瓦多·阿连德总统的信件,刊载于1971年11月《文学工作室》杂志,第116—117页。)

后　记

本书的译者是南京大学金陵学院西班牙语系的三位同学：陈培易、叶欣闻、芮安迪。其中陈培易和叶欣闻是2016级学生，着手翻译此书时就读大三，芮安迪是2017级学生，翻译此书时就读大二。不得不说，翻译这个作品所需要的能力大大超出了她们在当时所积累的西班牙语相关知识。虽然她们之前对阿连德和聂鲁达的身份和作品有所了解，但面对这部涵盖了二人成长经历、政治作为、理想追求、生活点滴等方方面面的"纪录片"式的作品，在翻译过程中她们还是感到捉襟见肘，左支右绌。为了力求翻得准确，不出现严重错误，她们要去充实有关智利的政治、国情、历史的知识，以及找寻二人的背景资料，而这些内容的中文资料并不多。但在这种局限下，翻译工作还是顺利出色地完成了，几位年轻译者都得到了巨大的锻炼和提升。

以西班牙语专业在读学生为主力翻译此书是一项大胆的尝试，也是金陵学院西语系人才培养目标的体现。我系注重应用复合型人才培养，尤其在"一带一路"倡议的背景下，中国和西班牙语国家的连接更为紧密，对西语人才有了更高层次的需求，因此提高学生的语言应用能力被放在教学目标的首要地位。在日常教学以外，系里组织主题丰富的文化讲座，编写《吉诃德漫游》《今日拉丁美洲》《中国草棚》三本期刊，举行诗歌朗诵比赛、朗读比赛，建立西语社和学生记者站，等等。此类活动对学生了解西班牙语国家、拓展国际视野、提高语言技能大有裨益。2020年是中国和智利建交五十周年，值此契机翻译此书对学生来说是绝佳的锻炼和检验的机会。书中如有谬误，欢迎指正。

缪澄君